鈴木エイト

「山上徹也」とは何者だったのか

講談社+α新書

はじめに

山上被告はなぜ接見に応じないのか

安倍晋三元首相が銃撃される九日前の夜、私のツイッターアカウントに山上徹也からメッセージが届いた。正確には「山上徹也」ではなく、彼が開設していたツイッターアカウント「silent hill 333」からのダイレクトメッセージだった。私が「山上徹也」という実名を知るのは二〇二二年七月八日になってからだ。

このダイレクトメッセージの経緯は後ほど詳細に記すこととして、まずはこの本を出版するに至った経緯について言及しておこう。

衝撃的な元首相銃撃暗殺事件から一年。二〇二三年一月に接見禁止が解けて以降も親族や弁護人以外との接見を行っていない山上徹也被告。その肉声はなかなか一般社会に伝わってこない。各メディアが接見を申し込んでも彼が応じないためだ。

殺人罪などで起訴された山上は収容中の大阪拘置所で裁判の開始に備えているが、証拠開示や争点整理などを行う公判前整理手続は相当な回数開かれる見込みだ。公判が始まれば書面や山上本人の発言などによってその意思や犯行動機が確認できるだろう。だがそれまでには、まだかなりの月日を要するとみられている。

主に警察関係者などから漏れ伝わる山上の供述内容や拘置所での発言や行動がときおり報道されるものの、そこにはバイアスがかかっている可能性も考慮すべきである。

つまるところ彼の実像がほとんど見えてこないのだ。報道ベースでは様々な情報が出てきてはいる。だが、それらは果たして本当の「山上徹也」像を捉えているのだろうか。私は「山上徹也」という人物の真の姿に迫る必要があると思い、彼が事件前に残した足跡からあらゆる手がかりをたどることにした。

山上の動機面や心情を探る一つの試みとして、彼が事件前、数年にわたり投稿していたツイッターの解析が進められた。その論考からいくつかの記事や書籍も出てはいる。だが、本当に彼の内心・内面をすべて正確に反映したものになっているかといえば、私はそうではないと見ている。

事件後、彼の弁護人や親族への取材を重ねてきた。また思いがけないところから彼との接点があったこともわかり、間接的ではあるが一定のコミュニケーションも取れている。そこでのやり取り、そして事件前の彼の行動や言動を追うにつれ、やはり私が書くべきだと思うに至った。特に、教団と政治家の関係性が中核をなすであろう彼の動機面については、長年その癒着構造を追ってきた私でなければ正確な分析をすることは難しい。

そんな理由から、事件から一年を迎えながらいまだ公判が始まらない段階で、山上徹也という人物に関する記録を書籍のかたちで世に問うておきたいと思ったのだ。

事件前に山上徹也が描いていた〝絵〟

「事件前に山上徹也が描いていたであろう〝絵〟を見てみたい」

この取材において私をつき動かしていたのはその思いだった。

どこまでを考えていたのか。事件後の社会は果たして彼が思い描いていた方向に推移していったのか。それらのことを推し量るためには彼が事件を起こす前に何を想定していたのかという検証が不可欠だ。

カルト教団によって人生を破壊された被害者が金銭的にも精神的にも追い込まれた末にやむにやまれず起こした事件なのか、それとも綿密な計画の下で社会を変えようとした「変革者」による事件なのか。

社会の様相をここまで変えてしまうことを目論んでいたのか。それとも限界を悟った上でできることをやろうとしたのか。

「教団の二次被害者が追い込まれ起こしてしまった事件」という視点から「すべてを計算ずくで起こした社会的事件」という視点まで、大きな振れ幅の中で見ていくべきである。

そしてこの振れ幅とは別に、なぜ安倍晋三をターゲットとしたのかという問題も検証が必要だ。

山上徹也が高度に理知的な思考ができる人物であり、社会変革を狙ってすべてを計算し尽くした上で計画を遂行したと想定することもできる。その場合、私も彼のシナリオに書かれた登場人物のひとりだった可能性すらある。要するに、穿った見方はいくらでもできてしまうのだ。

加えて、彼には「タイムリミットが迫っていた」ため、「あのタイミングで銃撃計画を遂行しなければならなかった」という事実も示したい。

山上の行動が自分の身を挺したものだったことだけは確かだ。現場で射殺される可能性もあったからだ。そこまでして、いったい何を得ようとしていたのか。

なぜ銃口は安倍晋三元首相に向けられたのか。単に教団の悪質性を社会に知らしめるためのスケープゴートとして選ばれたのか、それとも安倍晋三自身に恨みを抱き、この元首相殺害を目的としていたのか。安倍の殺害は、これ以上の被害を食い止めるために必然だと山上は考えていたということなのか。仮説を述べることはたやすいが、少なくとも彼が本当にそう思っていたのかという「検証」は絶対に必要であろう。

検証が必要なのは彼の言動や行動だけではない。まるで事件に呼応するように、その後大きく変容していった日本社会の動きについても考えてみたい。

「山上徹也」という人物をどう捉えるべきなのか、日本社会はいまだに揺れている。社会を変えるきっかけを作った人物として一定の評価をする声もある。一方、「偉大な政治家の命を奪ったテロリスト」として徹底的に糾弾すべきという声も多く聞かれる。

「テロによって社会が動くという悪しき前例を作った」「犯罪者の思惑通りになった」という、いわゆる「〝思う壺〟論」についても、実際にそうなのかということを検証していきたい。

彼の行動によって何かが変わったのか。

そして、それは本当に彼が変えたと言えるのか。

私は事件後、山上に関わる複数の人に直接取材した。それに加え、事件後の経緯を通しておぼろげながら見えてきた「真実」もある。本人と直接接見できていない段階だが、そのなかで摑んだ事実についてまとめてみたい。

山上はSOSを発していた

なぜ事件は起こってしまったのか。山上の足跡をたどると、彼が〝絶望〟に直面するなかで外部に向けてSOSを発していたと思われる動きが確認できた。山上徹也による外部へのコンタクトの形跡についても見ていきたい。

もし山上がどこかのタイミングで誰かとつながることができていたら、このような悲劇には至らなかったかもしれない。〝悲劇〟と記したのはもちろん銃撃事件の被害者である安倍晋三や遺族にとってもそうだが、事件の加害者・犯罪者として、長期の懲役か無期懲役、あるいは死刑に処されるかもしれない山上徹也が、統一教会（世界基督教統一神霊協会、二〇一五年に世界平和統一家庭連合へ改称）の被害者であることも、〝悲劇〟の一端をなすと言えるだろう。

事件の前に山上は外部と接触していた。いったいどのように、そしてなぜ接触しようとしていたのか。事件の再発防止のためにも検証が必要である。

山上徹也とは何者だったのか

事件から一年。先を急がず、ある程度時系列に沿って、これまでの流れを追っていこうと思う。

現時点でおそらく私だけが知り得た情報もたくさんある。山上徹也とはいったい何者だったのか。彼の足跡や心の動きを追い、その真の姿に迫りたい。そういう意味では、この本は山上の心象風景を追うロードムービー・ロードノベルのようなものかもしれない。事件後、私自身が体感したことを読者にも追体験してもらいたい。

私自身のスタンスを訝（いぶか）しくみている人もいると思う。断っておくが、私には一切の党派性はなく、特定の政治勢力や政党を攻撃したり、また支持する目的はない。特定の宗教についての信仰も持っておらず、偏ったイデオロギーもない。事実に基づいてできるだけフラットな視点でみていくのが信条である。読者もそのつもりでついてきてほしい。

事件が発生した時点を起点として、山上徹也という人物と私の接点についても記述していこうと思う。一連の検証や山上徹也とのやり取りから何が見えてくるのだろうか。

この本は山上が描いた〝絵〟を追う試みだ。ある意味、事件全体の俯瞰（ふかん）図を描く作業と言ってもよいだろう。

私は山上の心象風景に迫ることで何かを得られると信じている。そこに見えた〝山上徹也〟という人物の実像を、本書を通して考えていきたい。

それは今後、同様の事件が起こってほしくないという私の願いであり、大切な人を失ったり、大事なものを壊されて悲嘆に暮れる人をこれ以上生まないためのプロセスでもある。
読者は根気強く、〝謎〟を解く私との旅に出てほしい。

（文中敬称略）

「山上徹也」とは何者だったのか／目次

第三章　鑑定留置中の山上徹也に送った手紙

第六章　事件の約一週間前に山上徹也から届いていたメッセージ（後編）

第七章　山上徹也が抱えていた「マグマのような憤り」の正体

第八章　山上徹也は事件前からSOSを発していた

序章

風化する「統一教会問題」と「なかったことにしたい」勢力

累計被害額一二三七億円超、統一教会という問題組織の真実

山上徹也の起こした事件がこれほどのハレーションを起こしてきたことには明確な理由がある。それは統一教会の被害がいまだに継続しており、そんな問題教団と多くの政治家が不適切な関係を持ってきたこと、さらにこれらの重大な社会問題が長年にわたって見逃されていたという事実に重ねて衝撃を受けた人が如何に多かったのかということだ。

では関係を持つこと自体が問題視される統一教会とは、どんな団体なのか。

一九五四年に教祖・文鮮明(ムンソンミョン)によって韓国で創設された統一教会(世界基督教統一神霊協会)は、KCIA(大韓民国中央情報部)により反共組織化され、朴正熙(パクチョンヒ)軍事政権の庇護を受け韓国国内で勢力を伸ばす。日本への進出は五八年、翌年には日本統一教会が設立され六四年に宗教法人の認証を受ける。

六八年には反共産主義を掲げる政治組織・国際勝共連合を日韓で相次ぎ設立し、自民党を中心に保守派の政治家へ接近。秘書や選挙運動員の派遣などにより政治家の懐(ふところ)に入り込み政界工作を継続していった。

その一方で教団は様々な社会問題を引き起こす。六七年には教団系大学生組織・原理研究

会（ＣＡＲＰ）の活動に取り込まれた学生の問題が報じられ、一九八〇年代以降、高額な壺・印鑑・多宝塔・水晶・家系図などを購入させる霊感商法が社会問題となった。ほかにも街頭や訪問による正体と目的を隠した偽装伝道からの教化により、マインドコントロールを受け人生すべてを破壊されるケースが報告されている。

教祖が選んだ相手と結婚させられる合同結婚式の問題も報じられた。有名芸能人らが参加した合同結婚式は九〇年代に連日ワイドショーが取り上げ、一躍〝統一教会〟の悪名を多くの国民が知るところとなった。この合同結婚式によって多くの日本人女性信者が韓国へ嫁がされ、寒村などで人権侵害に遭ってきたとの指摘もなされている。

二〇一二年九月に教祖・文鮮明が死去した後は、跡目争いによって教団が分裂、主流派である妻の韓鶴子（ハンハクチャ）派が日本の教団組織の実権も握っている。北朝鮮とも強力なパイプを持ち独裁体制を敷く韓鶴子総裁の下には、毎年継続して数百億円が日本から送金されている。日本の被害者のお金が、海外へ流出しているのだ。

全国の約三〇〇人の弁護士によって一九八七年に結成された全国霊感商法対策弁護士連絡会（全国弁連）の集計によると、八七年から二〇二一年までの間に、同弁連や全国の消費者センターに寄せられた統一教会による霊感商法の相談件数は、計三万四五三七件。累計被害額は一二三七億円を超えている。

しかも、これは「氷山の一角」であり、実際の被害額はその数十倍あるとみられている。統一教会は韓国国内外に一大企業群などを所有しており、日本から奪いとった莫大なお金が〝統一グループ〟を支えている構図だ。

「同情的な報道が模倣犯を生んだ」は本当か

個々の日本国民のみならず、日本という国自体へ多大な被害を与えてきた反社会的な団体。そんな団体と多くの政治家が国益を損ねるかたちで関係を持ってきた。それが、この現代日本でひそかに起こっていたことだ。

しかもその最たる人物が安倍晋三という著名な政治家だったこと、さらに教団の被害者から公衆の面前で銃撃されるという劇場型の事件によって死亡するという事態に、日本中が騒然となったのである。

そしてほとんどすべてのメディアがこの問題を見過ごしてきたなかで、継続して「安倍晋三と統一教会」の関係を調査・報道し続けてきた私が、事件後に突如クローズアップされることになった。

そのことを苦々しく思う人々もいる。そうした一群の人にとって、ある意味好都合な事件がその九ヵ月後に起こる。

二〇二三年四月一五日、衆院補選の選挙応援のため訪れていた和歌山県内の漁港で、岸田文雄総理大臣に向けて爆発物が投げこまれるという事件が起こった。幸い、ＳＰの護衛によっていち早く避難した岸田首相に怪我等はなく、五〇秒遅れで爆発した手製爆弾による負傷者は数人でそれもごく軽度と、最小限の被害で済んだ。

この事件自体は至近距離まで不審者を近づけたという完全な警備上の問題であり、そのように片づけて然るべき事案だったはずだが、なぜか山上徹也の事件と関連付けられてしまう。

安倍晋三元首相銃撃事件の報道自体が、和歌山の爆破物事件を招いたという論調が出てきたのだ。

「テロ事件の犯人に同情的な報道をしたから模倣犯が現れた」

「テロリストの主張は一切、背景を含め取り上げるべきではない」

といった方向で世論を誘導しようという流れが起こった。

この件について、一部の政治家が露呈した不見識ぶりは悪質だった。孤独・孤立対策のＮＰＯ団体の理事長が投稿したツイート「犯行に至った背景を解明し、必要に応じて社会的アプローチを検討する事は必ずしもテロ行為に正当性を与えるものではない」に対し、自民党の細野豪志衆院議員が「私はテロを起こした時点でその人間の主張や背景を一顧だにしない」「そこから導き出される社会的アプローチなどない」などとツイートした。

同じく自民党所属で外務副大臣の武井俊輔衆院議員は、サイボウズの青野慶久社長による〝テロが起こる原因をなくしていこう〟という趣旨のツイートに反論するかたちで、「犯罪原因の探求は正当化と同じ」「テロによって言論を封殺する者を寸分でも肯定することを誘発することは、結果としてテロリストを正当化することと同義」と引用ツイートした。

テレビの情報番組のコメンテーターからも「山上被告をヒーロー視する報道が一部あった」「安倍元首相を襲撃した山上被告の行動によって実際に国が動いちゃったわけです。法律を作って」などと、明らかに事実とは反するコメントが発せられた。

銃撃事件後に、山上徹也を英雄視する人のコメントを取り上げた報道はあったが、報道自体が山上をヒーロー視したものはなかった。また、「不当寄附勧誘防止法」は多くの元二世信者たちが政治家への陳情を重ね法律制定へ尽力したことによって成立に至ったものだ。テロによって国が動いたわけではない。

読売新聞に至っては「昨年七月、安倍晋三元首相が銃撃された事件では、世界平和統一家庭連合（旧統一教会）問題と絡め、被告に同情するような論調も一部に出て、警護の強化などの議論が十分に深められなかった」という前提と結論がまったくつながらないとんでもない社説（二〇二三年四月一八日）を掲載した。行政側の警護体制の不備を突くべきところを、逆に責任転嫁するという報道機関としてあるまじき失態を晒した。

犯罪やテロ行為の背景を分析し報じることは再発防止や原因探求にとって重要なプロセスである。その報道に対して「模倣犯を生む」などと筋違いの情報統制を唱える人たちにはまったく社会全体の構造が見えていないのだろう。

謎に包まれた「山上の真意」

「テロによって社会が動くという悪しき前例を作った」などの、〝思う壺〟論は「藁人形論法（ストローマン論法、かかし論法）」であり、問題や論点のすり替えに過ぎない。

山上徹也被告の事件後から継続してこの手の「〝思う壺〟論」が出ていた。それが和歌山で起こった岸田首相への爆破物事件によって、さらに増殖した格好だ。

さらに、山上徹也被告について各メディアで発言を続ける私にも〝飛び火〟し、「鈴木エイトへの非難」が噴出した。和歌山の事件後、私のツイッターにはこの手の罵倒が山のように届いた。こうしたリプライに応じるいわれも道理もないためすべて放置したが、これもまた別の社会問題として論じられるべきものだろう。

この爆破物事件は、幕引きを図りたい側、つまり安倍晋三元首相やその周辺の政治家の醜聞を掘り起こされたくない人たちにとって、「模倣犯」の出現がある意味「歓迎すべき状況」であったことを露にした。そのことは記憶に留めておきたい。

そもそも山上徹也被告は自身の犯行についてまだ何の主張もしていない。犯行声明すら出してもいないのに、なぜか「〝思う壺〟論」が一部で展開されていることのおかしさに気付いている人はどのくらいいるだろう。

和歌山の爆破物事件発生の経緯と山上の「思う壺論」とを関連づけて断定する証拠はない。「山上の思う壺論」自体が山上被告の起こした事件の犯行までの流れや周辺情報、SNS分析などから推し量っているだけだ。そうした情報の中に、正鵠を射ているものが本当にあるかどうかもわからない。彼が意図していないことが社会や政治の側で進んだのだとしたら、「〝思う壺〟論」のロジックはその入り口のさらに手前において一瞬で消滅する。

この手の「思う壺」論者は、もし山上のほうに統一教会の政治家との癒着を社会に問うという意識がまったくなかったとしたらどうするつもりだろうか。単に自分自身の恨みを晴らすためだったという可能性もあるのだ。

山上の家庭を崩壊させ、母親を自己破産に追い込んだ統一教会を規制すべきにもかかわらず、安倍晋三は組織票支援などと引き換えに、国会での追及から護り、様々なバーター取引を行ってきた可能性がある。山上が、安倍晋三個人への憤りや恨みからその命を奪ったとすると、事件は単に安倍晋三への怨恨によるものということになる。

犯人の意図を踏まえずに掘り下げても意味はない。その意味で、この手の「〝思う壺〟論」はどの角度から見ても成り立たない。陰謀論レベルの戯言に過ぎないのだ。

そもそも犯人の動機や背景を報じることは「再発防止のため」に重要である。政界とカルト団体の癒着について、膿を出し切らず中途半端なまま事件の検証すらしていないことが問題なのだ。再発防止の議論すら進めていなかったことこそ、本来責められるべきであろう。

銃撃事件は「テロリストにとっての成功体験になった」などと言う人もいる。確かに銃撃による殺人は〝成功〟したと言える。だが、山上自身はその〝成功〟によって何を得たというのだろうか。数十年の刑期を務めることになっても〝成功〟と言えるのだろうか。

もちろん、ひとりの著名な政治家の命が奪われたということは重大な社会事件だ。であるからこそ、山上徹也という人物とその動機面について徹底的に深く検証することは欠かせない。

第一章

山上徹也と安倍晋三、鈴木エイトをつなぐ「奇妙な縁」

山上徹也の壮絶な生い立ち

二〇二二年七月八日午前一一時三一分、奈良県内、近鉄大和西大寺駅前において参院選応援演説中の安倍晋三元首相を背後から銃撃——。

日本中をこのニュースが駆け巡った「あの瞬間」につながる、山上徹也という人物の来歴を追ってみたい。事件の背景が明らかになるにつれ、彼の生い立ちやその後の人生に日本中の注目が集まった。

まずは自衛隊入隊前年の二〇〇一年までを羅列する。読みづらいかもしれないが基本的な共通理解として押さえておいてほしい。

•一九八〇年から二〇〇一年の〈山上徹也〉

一九八〇年九月一〇日　公立大学卒の母親と国立大学卒の父親の間に、三人兄妹の次男として大阪府東大阪市で生まれる。

一九八四年一二月　母方の祖父（母親の父親）が経営する建設会社でトンネル工事の現場監督に従事していた父親がうつ病を患い飛び降り自殺。一家は奈良市内の母親の実家に転居。

一九九一年　母親が統一教会へ入信、夫の生命保険金六〇〇〇万円を「霊を慰めるため」と教団へ献金。

一九九三年　公立小学校卒業、公立中学校進学。バスケットボール部に所属。

一九九四年八月　中学二年生の時、親族が母親の入信に気付き、巨額の献金が発覚。

一九九六年四月　県内有数の進学校である奈良県立郡山（こおりやま）高校へ進学。応援団に入部。

一九九八年　祖父名義の土地を母親が無断で売却し、統一教会に献金。建設会社を経営する祖父が死去。会社は母親が継ぐ。

一九九九年　県立郡山高校卒業。母親が自宅を売却したお金四〇〇〇万円以上を統一教会に献金、一家は借家暮らしに。

二〇〇一年　家庭の経済状況から大学進学を断念。消防士になるべく伯父の援助で公務員試験向けの予備校を修了したものの、強度の近眼がネックとなり消防士の試験は不合格に。

同年一一月　伯父の母親（徹也の祖母）が所有するマンションに翌年四月まで住む。伯父の妻がつけていた出金表に「徹也に一一月に一〇万円、一二月にパソコン代一〇万円」と記載あり。食事は祖母の家でとっていた。

ここでいったん区切る。

「鈴木エイト」と「山上徹也」の数奇な運命

二〇〇二年の前年で区切ったことには理由がある。山上徹也と私の接点のちょうど二〇年前となること、そして私がカルト問題に関わるようになった年でもあるからだ。

ここからは山上徹也と安倍晋三、それに私（鈴木エイト）のトピックも交え、事件発生までを追ってみよう。山上徹也と安倍晋三、そして私の年譜を並べることで、山上徹也の足跡がよりはっきり見えてくるだろう。

前提として私「鈴木エイト」についても記しておきたい。

私は一九六八年、滋賀県で生まれた。一八歳で大学入学のために郷里を後にし、静岡で一年過ごした後、一九歳から東京で暮らしている。日本大学を卒業後、就職せず音楽活動を行っていた。ミュージシャンになることを断念したあとも、定職には就かずアルバイトや契約社員として様々な職業を経験した。

カルト問題との関わりは二〇〇二年、契約社員として都内の会社で働いていた時期に渋谷で統一教会による偽装勧誘の現場に遭遇し、介入したことに始まる。

私が統一教会の問題に関わり始めた二〇〇二年、山上徹也の母親は教団への過度な献金などによって自己破産する。

●二〇〇二年の〈**山上徹也**〉

八月　父方の祖母の勧めにより、長崎・佐世保の祖母のいとこの紹介で自衛隊の佐世保教育隊に入隊。

一二月　広島・呉の海上自衛隊に任期制自衛官として入隊、砲雷科に勤務。母親が統一教会への高額献金によって自己破産。母親は献金を続ける。

●二〇〇二年の〈**鈴木エイト**〉

統一教会による組織的な偽装勧誘の阻止活動を始める。

仕事帰りの夕刻、渋谷駅周辺で横行していた統一教会信者による組織的な偽装伝道の現場に遭遇したことから、私はカルト問題への介入を始める。

「偽装勧誘の阻止活動」について補足しておこう。

「手相の勉強をしています」「意識調査アンケートにご協力お願いします」「額に気になる相が出ています」などと声をかけられ統一教会の教化施設「ビデオセンター」へ連れていかれそうになっている勧誘対象者を救出する活動を日々続けていた。

「ビデオセンター」の受講者は次第にマインドコントロールされ、「ツーデイズ」「フォーデイズ」と呼ばれる合宿を経て、人生すべてを教団に捧げる従順な信者へと思考の枠組みを変容させられる。その過程では多額の献金や霊感商法など教団関連の商品の購入もさせられる。そうして信者になった被害者が次の被害者を生む。

こういったカルト問題の深刻な構造を知った私は、以後カルト勧誘阻止活動を続けていくことになる。単に偽装伝道を阻止するだけで終わりではない。勧誘対象者を救出した後は、勧誘員とコミュニケーションを取ることに努めた。勧誘員もまた偽装勧誘を入り口にマインドコントロールされた被害者でもあるからだ。

妹と兄に保険金を残すため自殺未遂

•二〇〇三年の〈山上徹也〉

四月　広島・江田島の第一術科学校所属の練習船に配属。

•二〇〇四年の〈山上徹也〉

秋に兄と妹の生活が困窮し伯父夫妻が援助。母親はたびたび韓国へ行ったきり帰ってこない。伯父が献金額について明らかにせよと統一教会奈良教会に照会。

五月　「統一協会被害者家族の会」ホームページの相談メールフォームへメール送信（詳細は後述）。

・二〇〇五年の〈山上徹也〉

二月　消費者金融で約一〇〇万円を借金し、飲み歩いた末、ベンジンとアルコールを摂取し自殺を図る。自殺未遂で救急搬送（海上自衛隊の報告書にはこう記述されている。「統一教会によって人生を滅茶苦茶にされた。妹と兄の生活が困窮しているので自分の死亡保険金を渡して助けてやりたかった」）。佐世保の病院に入院。母親は韓国での教団の四〇日修練会に参加中で、修練会が終わるまで帰国しなかった。

　徹也の自殺未遂に教団は驚き、生活援助金という名目で月に三〇万～四〇万円を奈良教会長が毎回持参。この教会長は子ども三人の様子を心配し金銭的な問題を批判したため、後に統一教会の本体から外された。山上家と教団が協議、合意書により教団が毎月三〇万～四〇万円を返金することになった。二〇〇九年までに計二〇〇〇万円が返金される。

五月　伊丹の自衛隊阪神病院へ転院。伯父が妻とともに面会に行き、退職後に伯父の家で暮らす相談をする。

八月　任期満了により自衛隊退官。

九月　奈良で測量会社のアルバイトに就く。

宅建、FP二級を取得

・二〇〇五年の〈安倍晋三〉

一〇月　統一教会関連政治団体UPF（天宙平和連合）創設記念広島大会へ内閣官房長官名で祝電。

一二月　UPF作成統一教会内部資料に「安倍晋三」の名前が記載（反ジェンダー運動において教団との共鳴関係にあった可能性を示唆）。

・二〇〇六年の〈山上徹也〉

一二月　測量会社で測量補助業務アルバイトに従事。

・二〇〇六年の〈安倍晋三〉

六月　内閣官房長官の肩書でのUPF大会『祖国郷土還元日本大会（福岡）』への祝電送付が報じられる。

九月　第九〇代内閣総理大臣に就任。

・二〇〇六年の〈鈴木エイト〉

街頭での偽装勧誘阻止活動やビデオセンターでの救出活動を続ける。統一教会のビデオセンター受講被害者の返金交渉に同席。

・二〇〇七年の〈山上徹也〉

六月　測量会社を退職。

七月　測量士補の資格を取得。

一〇月　宅地建物取引士の資格を取得。

・二〇〇七年の〈安倍晋三〉

九月　持病の潰瘍性大腸炎の悪化により内閣総理大臣を辞任。

・二〇〇七年の〈鈴木エイト〉

開設したブログ「エイトのブログ」で偽装勧誘阻止活動やビデオセンター受講者救出活動

などのエピソードを書くようになる。

•二〇〇八年の〈山上徹也〉

三月　ファイナンシャルプランナー（ＦＰ）二級の資格を取得。

統一教会との関係を深める安倍晋三

•二〇〇九年の〈山上徹也〉

母親が引き継いだ建設会社が解散。伯父が統一教会奈良教会へ全献金額を照会、教団が示したのは五〇〇〇万円返金の合意書。その中の二〇〇〇万円は生活援助金として返金済みである点と、残りの三〇〇〇万円を教団が返済する旨を伯父が確認。総献金額や霊感商法購入額などは不明なまま。教団は伯父を除いて母親と話をつけ、五〇〇〇万円返金の書類を送ってきた。

•二〇〇九年の〈鈴木エイト〉

ジャーナリストの藤倉善郎が開設したカルト問題等を扱うニュースサイト『やや日刊カル

ト新聞』の創刊メンバーとして参加。ライター兼副代表となる。カルトに関する時事問題の他、街頭での各団体の偽装勧誘の実態などを記事として掲載。

・二〇一〇年の〈山上徹也〉
一月　測量会社でアルバイトに従事（三ヵ月間）。
一二月　倉庫で物品仕分けのアルバイトに従事。

・二〇一〇年の〈安倍晋三〉
二月　統一教会関連政治シンクタンク『世界戦略総合研究所』定例会で講演。
七月　『世界戦略総合研究所』共催のシンポジウムにパネリストとして参加。

・二〇一〇年の〈鈴木エイト〉
三月　ツイッターアカウント開設。
一〇月　松戸市議選に統一教会足立教会の青年信者が立候補、教会青年部を挙げての選挙運動が展開されたほか、世界平和連合千葉幹事長が選対に入っていた案件を取材。

・**二〇一一年の〈山上徹也〉**

一二月　倉庫仕分けのアルバイトを退職。倉庫で飲料仕分けのアルバイトに従事。

・**二〇一一年の〈安倍晋三〉**

一二月　『世界戦略総合研究所』共催のシンポジウムで講演。

・**二〇一一年の〈鈴木エイト〉**

地方議員（足立区議会議員）と統一教会との関係をスクープ。地域の夏のイベントを統一教会地区教会の青年部が乗っ取っていた案件をルポするなど、ジャーナリストとしての活動を本格化させる。

・**二〇一二年の〈山上徹也〉**

翌年にかけ、ヤマギシ会への潜入取材ルポや二世問題についての書籍『カルトの子』で知られるルポライター米本和広らのブログに「やや日読者」「ＤＤ」などのハンドルネームでコメントを書き込む。

・二〇一二年の〈安倍晋三〉

四月　『世界戦略総合研究所』幹部らが自民党の総裁選で安倍を支援するため高野山でイベントを開催、多くの信者の若者が動員された。

九月　自民党総裁に選出。

一二月　第九六代内閣総理大臣に就任。

「お兄ちゃん、なんで死んだんや」

・二〇一三年の〈山上徹也〉

二月　住宅設備メーカーでフォークリフトの搬送作業に従事。一年四ヵ月で退職。

教団が五〇〇〇万円の返金を終えたと主張、伯父は金額が合わないと反論。合意書には一時金としてまとまったお金を二五〇万円ずつ三回払うとあった。

・二〇一三年の〈安倍晋三〉

四月　桜を見る会に『世界戦略総合研究所』の事務局次長を招待（二〇一六年まで継続招待）。

七月　参院選で祖父・岸信介元首相の恩人北村サヨ（天照皇大神宮教の教祖）の孫である北村経夫（現参院議員）への組織票支援を統一教会に直接依頼。

・二〇一三年の〈鈴木エイト〉

参院選で北村経夫候補への組織票支援を安倍晋三首相（当時）が統一教会に依頼したことを示す教団内部資料を入手。菅義偉官房長官（当時）の「仕切り」によって北村が統一教会地区教会二ヵ所に派遣されていたことを突き止める。首相官邸が統一教会と裏取引をしていた証拠を摑み、自民党の有力国会議員への追及を開始。

・二〇一四年の〈山上徹也〉

九月　実家への統一教会からの返金が止まる。

一一月　奈良県内の会社で鋼材仕分けやフォークリフト作業に従事。

家賃や光熱費などを負担していた妹が家を出て、実家は兄と母親の二人暮らしに。生活が困窮する。

・二〇一四年の〈安倍晋三〉

四月　桜を見る会に『世界戦略総合研究所』事務局次長を招待。
一〇月　統一教会西多摩地区が八王子の市民ホールで開いた大規模集会に、安倍の側近・萩生田光一（現衆院議員）が中川雅治とともに来賓出席し祝辞を述べる。

•二〇一四年の〈鈴木エイト〉

四月『週刊朝日』掲載記事「安倍帝国vs.宗教　創価学会票が離反」の一部を担当。前年の参院選における安倍政権と統一教会の関係を記述。
一一月　前月の萩生田光一らの来賓挨拶について『週刊朝日』に「安倍首相側近らが続々と統一教会詣での〝怪〟」を寄稿。

•二〇一五年の〈山上徹也〉

三月　派遣会社を退職。
一一月　倉庫でのフォークリフト業務に従事。兄が「病院についてきてほしい」と伯父にSOSを送る。実家の生活がかなり困窮。
一二月　兄が自殺。葬儀で「お兄ちゃん、なんで死んだんや」と泣き崩れる。

未遂に終わった「韓鶴子総裁襲撃計画」

•二〇一五年の〈安倍晋三〉

四月　桜を見る会に『世界戦略総合研究所』事務局次長を招待。

•二〇一五年の〈鈴木エイト〉

八月　統一教会の法人名称変更（『世界基督教統一神霊協会』から『世界平和統一家庭連合』）について文化庁が認可。背景に下村博文文科大臣（当時）からの圧力があったという疑惑を追及。

一〇月　『週刊朝日』掲載記事「安倍改造政権支える宗教　集団的自衛権で創価学会とはすきま風」の一部を担当。教団名称変更について記述。

•二〇一六年の〈山上徹也〉

四月　派遣会社を退職。

・二〇一六年の〈安倍晋三〉

四月　桜を見る会に『世界戦略総合研究所』事務局次長を招待。

六月　極秘裏に徳野英治・日本統一教会会長と全国祝福家庭総連合会・李海玉総会長夫人を首相官邸に招待。

七月　参院選で宮島喜文候補へ統一教会票を差配した疑惑が発覚。

・二〇一六年の〈鈴木エイト〉

七月　『週刊朝日』に「街頭デモで安倍政権を応援　旧統一教会系の国際勝共連合が支援する大学生集団『ＵＮＩＴＥ』の正体」を寄稿、教団二世が教団や政治家の思惑で便利に使われている疑惑を追及。

・二〇一七年の〈鈴木エイト〉

四月　『週刊朝日』に「『旧統一教会』関連団体の上陸と『ヒゲの隊長』佐藤正久参院議員」を寄稿。

七月　『週刊朝日』に「旧統一教会幹部ご一行を〝歓迎〟した菅官房長官、高村副総裁らの思惑」を寄稿。

統一教会及び関連団体の大規模集会に多くの国会議員が来賓出席していた問題について追及。

・二〇一八年の〈鈴木エイト〉

六月『AERA』に二世問題についての記事「〈時代を読む〉『私は親の付属品だった』エホバの証人、旧統一教会　新宗教元二世信者たちの告白」を寄稿。同記事は『AERA dot.』に「新宗教団体二世信者たちの葛藤　オフ会が居場所、難民化の懸念も」として転載。

一〇月二二日　ネイキッドロフトにて二世問題をテーマにしたトークイベント『宗教2世だヨ！全員集合！』を企画、モデレーターを務める。

一〇月二九日『ハーバー・ビジネス・オンライン（HBOL）』に「自民党議員、国際勝共連合五〇周年大会に複数名が出席。旧統一教会系政治組織と与党議員の関係」を寄稿。

・二〇一九年の〈山上徹也〉

一〇月　五日に映画『ジョーカー』を鑑賞、強い影響を受ける。六日に愛知県内で教団が開催した四万人信者大会で韓鶴子総裁を火炎瓶で襲撃する計画を立てる。当日、現地に行くもの警備体制などから襲撃を断念。
一〇月一三日 ツイッターアカウント「silent hill 333」開設。
一〇月一四日 ツイッターに「オレが憎むのは統一教会だけだ。結果として安倍政権に何があってもオレの知った事ではない」と最初の投稿を行う。

•二〇一九年の〈安倍晋三〉
一一月 首相通算在職日数が歴代最長に。

•二〇一九年の〈鈴木エイト〉
一月 『ハーバー・ビジネス・オンライン』で連載『政界宗教汚染～安倍政権と問題教団の歪な共存関係』を開始。第一弾記事として「自民党安倍政権と統一教会。二〇一三年参院選時に蠢いた策動」を寄稿。安倍晋三じきじきの組織票依頼に関する教団内部資料を示す。
八月 日本脱カルト協会(JSCPR)が立正大学品川キャンパスにて夏季公開講座『子どもの虐待と家族・集団の構図』を開催。テーマ「外部からは見えにくい集団や家族内での虐待。その背景に何があるのか。私たちはどのように連携すべきなのか。具体的な対応や支援の方法を探る」を発案し、モデレーターを務める。

一〇月　愛知県での教団サミットに細田博之（現衆院議員）・原田義昭・北村経夫・江島潔（現参院議員）らが参加していたこと、及び大規模四万人信者集会への多くの政治家の来賓出席を『やや日刊カルト新聞』『ハーバー・ビジネス・オンライン』で報じたほか、第四次安倍改造内閣の統一教会〝汚染〟を「カルト内閣」と指摘。

火薬製造のために部屋を借りる

•二〇二〇年の〈山上徹也〉
九月　米本和広のブログに「まだ足りない」とのハンドルネームでコメント投稿を再開。
一〇月　派遣会社社員として京都府内工場で商品搬送のフォークリフト運転士として業務に就く。
一二月　米本ブログに最後のコメント投稿。

•二〇二〇年の〈安倍晋三〉
八月　持病の潰瘍性大腸炎の悪化を理由に辞意を表明。
九月　第九八代内閣総理大臣を辞職（憲政史上歴代最長記録）。

・**二〇二〇年の〈鈴木エイト〉**

二月　韓国での統一教会系UPF主催の『ワールドサミット二〇二〇』に日本の元首相や安倍の側近がブッキングされていた疑惑を報じる。

・**二〇二一年の〈山上徹也〉**

三月　手製の銃の製造を開始。火薬製造のためにハイツの部屋を借りる。勤務態度に異変との証言（このころ安倍晋三の殺害を計画した可能性も）。

一二月　奈良市内の資材置き場で銃の試し撃ちを行う（事件直前の二〇二二年六月まで継続して試射）。

山上徹也からの「ダイレクトメッセージ」

・**二〇二一年の〈安倍晋三〉**

八月二四日　国際勝共連合会長とUPFジャパン議長を兼任する梶栗正義からの直接の依頼によりUPF大会用のビデオメッセージ撮影を承諾。

九月七日　ＵＰＦ大会用のビデオメッセージを撮影。
九月一二日　韓国清平でＵＰＦが開催した『神統一韓国のためのＴＨＩＮＫ　ＴＡＮＫ　二〇二二　希望前進大会』にビデオメッセージでリモート登壇。「家庭の価値を強調する点を高く評価」などと教団最高権力者である韓鶴子総裁を最大限に礼賛。全国霊感商法対策弁護士連絡会（全国弁連）が安倍の国会事務所に公開抗議文が届くものの、受け取りを拒否。
一〇月二四日　石神井公園駅前で衆院選自民党候補の応援演説（鈴木エイトが統一教会問題について問いかけを行ったが安倍の反応はなかった）。

・二〇二一年の〈鈴木エイト〉
六月　衆議院議員会館で統一教会系の議連『日本・世界平和議員連合懇談会』が開催されていたことをスクープ。
九月一二日　安倍のＵＰＦリモート登壇を『やや日刊カルト新聞』で当日報道。
一〇月二四日　石神井公園駅前で衆院選自民党候補の応援演説を行う安倍晋三を至近距離で撮影（統一教会問題について声かけするも無反応）。
一一月二日　安倍のビデオメッセージが日本の教団関連団体トップ・梶栗正義からの依頼であったことを『やや日刊カルト新聞』でスクープ。

・二〇二二年の〈山上徹也〉

一月　職場でのトラブル多発、口論も。
三月　仕事を休みがちに（安倍殺害計画の実行を決意？）。
四月　自作の銃が完成。職場を無断欠勤することが増え、四月末を最後に出勤しなくなる。体調不良を理由に退職を申し出る。
五月　派遣先を退職（京都工場）。その後、大阪府内の会社で夜間のフォークリフト作業に従事。三週間後（六月）に自己都合で退職。
六月二九日　鈴木エイトにツイッターでダイレクトメッセージを送る。
七月七日　未明に奈良市三条大路の平城家庭教会に向けて銃を試射。その後、安倍が応援に来る自民党候補の集会が開かれる岡山市北区の市民会館を下見。午後、ルポライター米本和広宛てに犯行を示唆する手紙を投函。手紙には米本のブログにたびたびコメントを投稿していたことや自身のツイッターアカウントを明記していた。夜、演説会場では持ち物検査があり銃撃を断念。翌日の安倍の応援演説が長野県から奈良県に変更になったことを知る。

・二〇二二年の〈安倍晋三〉

二月　韓国ソウルでUPFが開催した『ワールドサミット二〇二二・韓半島平和サミット』へメッセージを送付。
七月　参院選比例区で井上義行候補（現参院議員）へ統一教会票を差配。七日一七時に翌日の応援演説の予定が長野から奈良・京都・埼玉へ変更（長野選挙区の自民党公認新人候補者・松山三四六が女性問題を報じられたため）。

・二〇二二年の〈鈴木エイト〉
六月二九日　一八時に参院選取材で下村博文・元文科大臣を直撃。二一時一一分に山上徹也のツイッターアカウントからダイレクトメッセージが届く。
七月六日　一九時半に石神井公園駅前で安倍晋三の遠戚・斎木陽平の街宣現場に行き会う（斎木は参院選東京選挙区に立候補していた）。

分水嶺となった「安倍晋三のビデオメッセージ」

二〇二二年七月八日の銃撃事件へと帰結していく流れの中で、いくつか大きなトピックがある。

中でも二〇二一年九月一二日の『神統一韓国のためのTHINK　TANK　二〇二二

2021年９月12日のビデオメッセージ

希望前進大会』において、安倍晋三がビデオメッセージによってリモート登壇し、韓鶴子総裁を礼賛した映像が全世界へ向けて配信された〝事件〟が、「分水嶺」になったと感じる。

あのビデオメッセージに私は驚愕し、山上徹也は〝絶望〟した。その感覚は、数少ない報道やネット上でそのトピックに触れた世間の人々と、同じではないはずだ。加えて、おそらく私と山上徹也は、同じポイントに衝撃を受け、驚愕あるいは絶望したと思っている。

同じポイントとは、安倍晋三が、もはや統一教会との関係を隠すつもりがなくなったということだ。厳密に言うと、安倍は当該シーンを全面的に公開することに応じたわけではない。あのビデオメッセージ自体はネット配信中継時のみ公開を許可し、アーカイブは残さないという取り決めがあって世に出たものだ。安倍が教団サイドの広告塔になることを了承したわけではなかった。

　だが、このネット社会において映像が全世界に中継される以上、韓鶴子を礼賛する自分の発言が拡散することは、安倍も想定していたはずだ。にもかかわらず、安倍は映像の公開を許可した。恐らく、「公開したところでその影響は大したことはない。第二次安倍政権後の各メディアの動きを見ても、きっと大手メディアは報じないだろう。自分の選挙、自民党の選挙、自身の政治生命には何の影響もないはずだ」と高を括ったのだろう。その点にこそ、私と山上は衝撃を受けたのだ。

　実際、元首相であり、政界のキングメーカーとしても君臨しつつあった安倍の〝読み〟は的中した。新聞各紙やテレビ局など大手メディアはこのトピックを完全に無視する。報じたのは『しんぶん赤旗』『週刊ポスト』『FRIDAY』『実話BUNKA超タブー』の四媒体のみだった。安倍晋三という政治家のメディア分析は、その時点においては的確であり正鵠を射ていた。

　だが、その安倍の「高の括り方」及び、全国弁連が郵送した公開抗議文を受け取り拒否するような「開き直り」こそ、山上徹也を〝絶望〟させ、トリガーを引かせることになった「最後の一線」だったと感じる。

　そしてあの日を迎える。

第二章　銃撃事件後、逮捕された山上が供述した「恨み」

SPの油断、銃撃、山上徹也の現行犯逮捕……

「安倍元首相と見られる男性　奈良で選挙活動中に倒れる　銃声のような音も」（JNN）
「速報　安倍元首相　血を流し倒れる　銃声のような音も」「安倍元首相　奈良市で演説中に倒れる　出血している模様　銃声のような音」（NHK）

この衝撃的な速報から、物語（ストーリー）は幕を開けた。

第二六回参議院議員選挙の投開票日の二日前。首相辞任後も絶大な人気を誇る元内閣総理大臣が選挙応援に来るとあって、奈良市の近鉄大和西大寺駅北口のバスロータリーと一体化した駅前広場には、大勢の支援者・自民党支持者・一般市民が集っていた。

そのなかには、自民党の佐藤啓候補（現参院議員）の応援に動員された統一教会の信者たちもいた。

第九〇代、そして第九六代から第九八代まで内閣総理大臣を務めた安倍晋三の人気は衰えておらず、参院選に出馬する与党候補者の応援で全国を飛び回っていた。この日、ガードレールで囲まれた地方都市の演説会場で、自身の命が潰えることになるとは夢にも思っていなかっただろう。あるひとりの男を除いて。

事件直前の現場。左前方一番手前が山上被告と見られる（写真　毎日新聞社／アフロ）

午前一一時一七分。予告されていた時間から七分遅れで大和西大寺駅前に安倍が到着。現場では佐藤啓候補が演説中だった。

一一時二六分。聴衆が増えたため、後方を監視していたSPが前方へ移動。

一一時二八分、候補者の脇、お立ち台の上からバスロータリーを背に安倍が演説を開始する。

一一時三〇分。安倍が現地を去る予定時刻の一〇分前、背後の歩道上で遠巻きに安倍の演説を見ていた聴衆からひとりの男がするすると抜け出し、歩道を駅の方へ歩いていく。バス停留所の柵の切れ目からバスロータリー内へと歩を進める男の視線は、安倍の背中を捉えている。

後方を警戒する役目だったＳＰは、安倍

のすぐ後ろを横切る自転車と台車に気を取られ男の動きに気付かない。ロータリーに背を向けていた安倍だけでなく、周囲を固めていたＳＰも男の動きを把握できていなかった。

一一時三一分、死角に入った山上徹也は、安倍の背後七メートルの距離まで近づく。ショルダーバッグから筒状のものを取り出し、構えたままターゲットに向けて歩を進める。他の人に当たらない距離まで近づき、スムーズな一連の流れで最初の銃弾を発砲。だが、この銃弾は安倍には命中しなかった。爆音に振り返る元首相。山上はさらにもう二歩ターゲットまでの距離を詰め、手製の銃から銃弾を放つ。白煙のなか崩れ落ちる安倍晋三。ガードレールを飛び越えてきたＳＰ二名に取り押さえられた山上は、抵抗する様子もみせずその場に組み伏せられる。

山上の放った銃弾は元首相の首筋から心臓に達していた。心肺停止状態のままドクターヘリで救急搬送された安倍。だが懸命の蘇生措置も叶(かな)わず一七時三分、搬送先の橿原(かしはら)市にある奈良県立医科大学附属病院で失血死による死亡が確認された。


衆人環視の下、誰もが知るこの国で最も有名な政治家が銃撃され亡くなるという劇場型の事件に日本中が騒然となった。

当初は民主主義の根幹をなす選挙を妨害する政治テロと見られていた。だが、現行犯逮捕された山上徹也容疑者の供述内容が報じられるに従い、様相は変化していく。

銃撃事件の背景に深刻な家庭崩壊をもたらしてきたカルト宗教団体『統一教会』による被害だけでなく、問題教団の体制保護に寄与してきた政治家との癒着構造があり、なにより安倍晋三との間の不適切な関係が明らかとなっていったからだ。

統一教会と政界の癒着。その中心となっていたのがこの元首相だということが世間に認知されるに従い、「国葬」問題とあいまって事態は急転していく。

安倍晋三と統一教会との関係が闇に葬られてしまう

二〇二二年七月八日正午前、私は妻子と都内のホテルに宿泊するため自宅を出ようとしていた。そこに飛び込んできたのが「安倍晋三元首相が選挙応援中に散弾銃のようなもので銃撃され心肺停止」という速報だった。咄嗟に思ったのは、これは政治的なイデオロギー対立や暴力団絡みの事件ではないかということだった。なぜなら安倍には暴力団に関するトラブルも報じられていたからだ。

だとすると、このまま安倍が亡くなってしまった場合、私が追及してきた安倍と統一教会との関係についての疑惑は完全に闇に葬られてしまうことになる。非業の死を遂げた著名な政治家のカルト絡みの醜聞など、それまでと同様に取るに足らないものとして片づけられてしまうだろう。私はある種の失意を抱えたまま、妻子を車に乗せ、大崎のホテルへ向かった。

運転しながら脳裏をよぎったのは、それまで自分が安倍晋三という人物を追い、たどってきた足跡だ。

二〇一三年の参院選で肝いり候補者だった北村経夫への組織票支援を安倍首相が直接統一教会へ依頼したことを示した教団内部文書を入手してから、ずっと安倍と統一教会の関係を追ってきた。安倍ではなく、政権ナンバー2だった菅義偉官房長官も北村を極秘に統一教会へ派遣するなど、官邸ぐるみでこのカルト教団と裏取引をしていたのではないかという重大な疑惑だ。

ジャーナリストの藤倉善郎が開設した『やや日刊カルト新聞』というニュースサイトにも副代表として参画し寄稿していたが、これほど大きな〝政界とカルトの癒着問題〟は何とか一般誌で世に問いたいと思った。そこで統一教会問題の取材で知り合った先輩ジャーナリストの石井謙一郎に頼み、寄稿させてくれる媒体を当たってもらった。だが「北村経夫は小物だから」などと、どこの媒体も快い返事をくれなかった。そんな中、唯一興味を示してくれたのが『週刊朝日』の森下香枝副編集長（当時）だった。

「面白い、やろう」

森下副編集長のその一言をきっかけに、二〇一七年までに何本も同誌へ寄稿した。当初は取材班のひとりとしてだったが、後には署名記事を書かせてもらった。

その後も、多くの自民党国会議員が統一教会と関係を持ち続けてきたことや、選挙での教団票の差配、選挙運動員の派遣など様々な局面における安倍を中心とした政治家と同教団の関係などを追ってきた。

二〇一八年に教団系政治組織・国際勝共連合が議員会館裏のザ・キャピトルホテル東急で開催した創設五〇周年式典に多くの自民党国会議員が出席していたことを現地取材し、扶桑社系のウェブメディア『ハーバー・ビジネス・オンライン』に寄稿した。

同メディアへの寄稿には著述家・菅野完が尽力してくれた。氏の著書『日本会議の研究』も『ハーバー・ビジネス・オンライン』での連載がもとになっている。

その『ハーバー・ビジネス・オンライン』の高谷洋平編集長から、安倍政権と統一教会について書いてみないかと打診があり、二〇一九年一月、それまでの経緯をまとめて『政界宗教汚染〜安倍政権と問題教団の歪な共存関係』という連載企画を受け持つことになった。数年間、十数回にわたり過去の事象をまとめ寄稿したが、この連載記事はアクセスランキングで毎回一位になった。

その後起こった事件についても「番外編」などで書いた。諸事情によって『ハーバー・ビジネス・オンライン』の更新が二〇二一年五月に止まるまで、二十数回ほど連載した。『ハーバー・ビジネス・オンライン』での連載において、度重なる教団からの記事削除の仮処分申請や、政治家からの抗議にも屈せず闘ってくれた扶桑社には心から感謝している。

安倍晋三と統一教会の関係をさらに世に問う手段として、この連載をもとにした書籍の出版の道も探った。高谷編集長の推薦もあり、扶桑社での出版を目指したが、実現には至らなかった。そのためいくつかの出版社に企画書を提出したが、「政治家はすぐに失脚するから」「統一教会は〝旬〟ではない」など、様々な理由で企画が通ることはなかった。大手出版社が募集する複数のノンフィクション賞にも応募したがリアクションはなく、最終選考にも残らなかった。

どうすればこの不適切な穢れた関係性を世に問うことができるのか。なぜこんなことが横行しているのにどこも問題視してくれないのか――。

ただ、ここで諦めて筆を折ることだけはしたくなかった。

『ハーバー・ビジネス・オンライン』の更新が止まったため、私が記事を書く場はほぼなくなっていた。そんな状況の中、疑惑の本丸である安倍元首相が亡くなってしまうかもしれない。そんな緊急事態に、心中穏やかではなかった。

事件当日の正午過ぎに投稿したツイッターにはこう書いた。

「安倍晋三元首相が奈良で選挙応援演説中に、背後から散弾銃で胸を撃たれ心肺停止状態との報道。昨年の衆院選でも約二〇人のＳＰが警護していたのに、何故筒状の物を持った不審人物を近付かせたのか。安倍の疑惑を追及してきたが、ここで亡くなってほしくない」

「ある団体とは統一教会のことです」

ホテルにチェックインした後も客室内のテレビで報道を追った。現行犯逮捕された被疑者の弁解録取から、犯行の動機として「ある団体への恨み」という文言が報じられた。

この時、私は瞬時に悟った。これは決して政治的なイデオロギーや暴力団絡みの事件などではない。統一教会の問題が関係しているに違いない。

ほどなくして携帯端末に電話がかかってきた。奈良にいる知り合いの警察番の記者からだった。

「ある団体とは統一教会のことです」

やはりそうだったのか。この瞬間、私は覚悟を決めた。

安倍晋三という政治家と統一教会との関係性、特に第二次安倍政権発足後の両者の関係を継続して追及し、報じてきたのは私だけだった。それゆえ、大事件の渦中に巻き込まれるのは間違いないと思った。とてつもなく大きな波に飲み込まれていく。そんな予感の中、私は自らその荒波へと飛び込んでいくことを決断した。

名前しか知らない、面識のない著名なジャーナリストや記者からも続々と連絡が入ってきた。私しか「安倍晋三と統一教会」の関係を追っていなかったことが瞬く間に拡散したようだ。以降、様々なメディアからの取材や問い合わせ、資料提供依頼が殺到することになる。

警察も信じなかった「統一教会と安倍晋三の関係」

山上が供述した「統一教会と安倍の関係性」については、当初は警察発表でも「思い込み」とされていた。これは逮捕直後の奈良西警察署で弁解録取を行った巡査部長が、「被疑者が主張する安倍元首相と統一教会との深いつながりなんて、実際にあるわけがない」という〝思い込み〟に基づいて調書を作成したことによるものだろう。

事件当日の二一時半に、奈良県警が会見を開いた。その場で容疑者の動機について同県警山村和久捜査第一課長はこう発言している。

「逮捕後の取り調べ、逮捕時の弁録（弁解録取書）については、『特定の団体に恨みがあり、安倍元首相がこれとつながりがあると思い込んで、犯行に及んだ』旨、本人が供述しております。詳細については差し控えさせていただきます」

もちろん被疑者自身が「思い込んで」などと言うわけがない。統一教会との関係について山上が確信をもって安倍を銃撃したことは明白である。

その確信は山上の思い込みや勘違いなどではなく、事実だった。小学館より二〇二二年九月に刊行した『自民党の統一教会汚染　追跡三〇〇〇日』で示したように、安倍と統一教会の間には密接な関係性があった。私が提示し、各メディアへ提供した資料や情報が、それを裏付けている。

それらは事件後新たに調べて入手したものではない。事件前から様々な媒体で指摘してきたものだ。

「統一教会を絶対成敗しないといけない」

山上は私と同じく、安倍晋三と統一教会との関係を正確に理解し、安倍をターゲットとしていた。

捜査関係者がメディアに流した情報の中に、以下のような山上の供述があった。

「母親が多額の献金をして破産した。統一教会を絶対成敗しないといけないと恨んでいた」

「結果的に安倍元首相が死んでも仕方ないという思いで銃を撃ちました」

警察は七月一〇日、殺人容疑に切り替え山上を送検。二五日には約四ヵ月間という長期間の鑑定留置が開始された。山上に刑事責任能力があることは明白で、鑑定するまでもない。もとより本人も刑を覚悟している。この鑑定留置が必要だったのかどうか疑問が残る。

事件後数週間にわたって、多くの国民が「非業の死を遂げた」元首相への高揚した思いを感じていたようだった。日本中にある種の熱気が蔓延していた。

それを如実に示したのが七月一二日の芝・増上寺での出棺場面だった。歩道を埋め尽くした人々の嗚咽。文字通り泣き叫ぶ聴衆の姿が報じられた。岸田首相はその様子を見て「国葬」を決めたというが、のちに支持率低下の原因になるとは、この時は思いもよらなかっただろう。

事件現場から数分先に統一教会支部があった

風が強く、どこまでも空が抜けていくような晴天だった。

元首相暗殺という衝撃的な銃撃事件。その容疑者が発砲直前に見ていた光景をこの目に焼き付けておきたい。そんな想いから私は現地へ向かった。前夜にラジオ番組出演のため東京から大阪へ行った翌日、事件現場の空気感を肌で感じるために近鉄電車に乗った。

事件から二ヵ月後、私は銃撃現場にいた。九月六日、近鉄大和西大寺駅北口。山上が銃撃した現場、安倍が銃撃された現場、山上徹也と安倍晋三、あの時、あの瞬間にそれぞれが立っていた場所。その場に身を置いて、あの日の銃撃事件の構図や透視図のようなものを体感してみたいと思ったのだ。

あらゆる情景を摑んでおきたかった。二〇二二年七月八日午前一一時三一分、撃たれた元首相が最期に見た情景。撃った山上が見ていた情景。彼らと同じ場所に立ち、その情景をこの目に焼き付けておこうと思った。

統一教会と安倍晋三の関係を追い続けていた私は、ある意味、山上と同じ風景を見ていたとも言える。ただし、その後に取った手段はまったく違った。彼は手製の銃を作り安倍を撃った。私は原稿を書き安倍を追及した。

山上徹也はこの場に立った瞬間、何を思ったのだろう。その胸に去来したのは使命感だったのか、それとも圧倒的な怒りの感情だったのか。映像を見る限りは、冷静に計画を遂行する彼の姿が印象的だ。

最初の銃弾が飛んで行った方向へ道なりに少し歩くと細い路地がある。大型車は通れない幅だ。その路地を曲がり、数分歩くと、統一教会の奈良家庭教会がある。銃撃前に山上もこの路地を歩いたのだろうか。

安倍晋三は爆音に振り返り、次の瞬間の被弾で意識を失った。その意識が戻ることはなかった。彼が最期に見た光景はどのようなものだったのだろう。白煙と衝撃波に包まれていたのだろうか。

空気、抜ける風、広い空。あらゆるものを二ヵ月遅れで体感した。

この日は関西でのメディア出演の合間に奈良へ向かったが、以降、私は数ヵ月おきに事件現場へ足を運んだ。銃撃事件が起こったという事実は変わらず、風景だけが変わっていく。その移り変わりをしっかりと記憶しておきたいと思ったからだ。

「鈴木エイト死ね!」

後述するが私は事件後、安倍晋三と統一教会の関係を軸に政界と教団の癒着構造と、それが銃撃事件へと帰結していく流れを一冊の本として書き上げた。

発売日は奇しくも安倍元首相の「国葬」が行われる前日の二〇二二年九月二六日。刊行の翌日、日本武道館で行われた「国葬」では、九段坂公園に設けられた一般向けの献花台へと向かう人々の長蛇の列が半蔵門駅から続いていた。

私には安倍晋三や自民党を政治的に攻撃する意図はない。反社会的な教団と意図的に関係を持つ政治家を追及し、その事実を示してきただけだ。

現地へ取材に行くと、列の中からではなかったが、私の姿を見たのだろう、通りがかった車の窓から「鈴木エイト死ね！」という声が飛んだ。

一方、野党の政治家や市民団体が集う国会議事堂前へ取材に行くと、早速著書を購入したという多くの人からサインを求められた。完全に真逆の反応があった。

第三章　鑑定留置中の山上徹也に送った手紙

「信頼できる弁護士」に手紙を託す

なんとかして山上の真意に迫りたい。そう思った私は、事件発生後から山上徹也本人へのアプローチを考えた。だが、鑑定留置中は接見禁止が付されており、直接彼に会うことは不可能である。

彼の弁護人を通して、手紙を渡してもらうことができるかもしれない。そしてすでに多くのメディアから取材を受けている山上徹也の伯父にも会って話を聞きたいと思った。

山上の弁護人のひとりである小城達弁護士の法律事務所に連絡した。用件を伝えてアポイントメントを取り、時間を割いてもらえることとなった。

一一月一五日に奈良市内の小城弁護士の事務所を訪ねた。二週間後の一一月二九日に山上徹也の鑑定留置が終わるというタイミングだった。

事務所内で小城弁護士と面談する。事件後に連絡を取るようになったある報道番組のキャスターから後に「信頼できる人権派の弁護士」と聞くことになるが、まさにその通りの人物だった。

小城弁護士に山上徹也へ書いた手紙を渡し、著書『自民党の統一教会汚染　追跡三〇〇日』（小学館）二冊を託す。一冊は小城弁護士へ、もう一冊は大阪拘置所に収容されている山上徹也本人への差し入れだった。

小城弁護士は『週刊朝日』の森下編集長が朝日新聞に異動して直近に書いていたコラムを読み、従前から統一教会の問題を追っていた私のことを知ってくれていた。

山上には国選弁護人が二人ついていたが、大きな事件とあって、奈良弁護士会が私選の弁護人として小城弁護士に依頼したという。

取材の意図を改めて説明し、いずれ山上徹也本人へ接見したいと思っていることを伝えた。だが、やはり鑑定留置中の接見禁止が解けても接見は難しいようだ。そこで事前に書いてきた手紙を小城弁護士に託した。もちろん、弁護人が内容を確認した上で本人に渡してもらうことになる。

過熱するメディアの山上報道

鑑定留置中は二〇日間の勾留期間が途切れるため、鑑定留置が終われば勾留期間が再開し捜査機関の取り調べを受けることになる。

鑑定留置中の接見禁止期間は弁護人以外の接見はできないが、接見禁止一部解除によって親族も接見できる。

接見禁止が解け起訴された後の接見については、制度上は可能だが、やはり山上本人が接見に応じなければ彼の肉声を聞くことはできない。

接見禁止中は手紙を渡すことも基本的には禁止されている。だが弁護人を通じて、弁護人が見た上でなら手紙を渡すのは可能という。

どのメディアも取りうる手段は同じらしく、同様に手紙を託したメディアが他にもあるとのこと。その場合もやはり手紙を預かり、本人に見せるようにはしていると小城弁護士はいう。だが本人のリアクションは、ほぼないそうだ。

小城弁護士によると、捜査段階での山上容疑者の状況についてメディアはその一挙手一投足を報道したがっているが、現状として捜査機関からの情報だけが流れており、いろいろな情報がひとり歩きしているという。

私からは、山上本人もツイッターでリツイートしているので、〝鈴木エイト〟の存在は知ってくれていると思うこと、そしてすぐ短絡的に報道する意図がないことも伝えた。

さらに動機面での事実関係の裏付けがなされないとフェアではないと思うとも伝えた。

鑑定留置が通常より長期間に設定されたことについて、小城弁護士は「あまり深読みし過ぎないほうが良いと思う」という見解だった。

私から小城弁護士へ伝えた内容について、より詳しく以下列挙しておく。

・事件については教団の問題や政治家との関係を放置してきた社会の問題、自分を含めたメディアの発信力の問題、政治家の問題でもあると思う。
・政治家に銃口が向いたのは想定外であり、私自身の認識が至らなかったことは反省点だと思う。
・報道によって教団の被害者を救えなかったことに責任を感じている。
・裁判への関わりについて、これまでの取材で得た知見が裁判で生かせるのであれば、協力を惜しまない。山上被告が安倍晋三という政治家をターゲットにした動機を判断するための材料を提供することはできる。

警察・検察は統一教会と安倍晋三の関係を否定？

小城弁護士は今後の流れを図解して丁寧に説明してくれた。

起訴後、裁判員裁判が始まるまでが長くなると想定していると小城弁護士はいう。その間、捜査機関が収集した証拠をまったく見れないためできることは少ないとし、先走りせず証拠を見ながら動機についても精査していくと語った。

逆に、弁護団からも私に統一教会に関する知識・知見を貸してくれるよう協力を要請することもあるかもしれないということだった。

小城弁護士は人証など証人尋問申請について捜査機関は統一教会との関連性を結びつけるような出し方はしないのではないかとの見解を示した。

逆に、弁護側としてはそのような背景があるという出し方を模索する可能性がある、ということだろう。

「単純に考えたら、なぜ安倍さんをという話になる。それを(統一教会と)結びつけることを理解できるか」

「その辺は鈴木さんのほうが詳しいと思うので」

また小城弁護士は、報道によって山上の事件後の発言や現在の生活に関することなど様々な情報がひとり歩きしている現状を危惧していると話した。

私からは、目先の情報を出すよりも、事件の本質を示さなければならないと思っていること、肝心の統一教会と政治家との関係についても、本筋である安倍元首相の関与を示さなければならないと思っていると告げた。また、もし山上徹也からのリアクションがあったとしても、この段階で出すというよりは、年単位で慎重に見ていくべきもので、拙速に報じないようにしたいと話した。

小城弁護士は裁判員や社会への影響を考慮しているようだった。

「いろんな話を聞けば聞くほど、本当はどうだったのかという思いや、いろんな感情が出てくるので、時間をかけたい」

警察が取り調べの様子などをメディアに流していることにも苦言を呈し、「そんなところもマスコミを通じて伝えていかないといけない」とした。

山上徹也に送った手紙（その一）

以下が、最初に山上徹也へ書いた手紙の文面だ。

山上徹也様

ジャーナリストの鈴木エイトという者です。統一教会の問題を二〇年取材しています。この一〇年間は統一教会と関係を持つ政治家を追及する記事も書いています。

事件から四ヵ月が経ちました。ようやく統一教会に対して解散命令請求に向けた質問権行使がなされようとしており、また被害者救済のための法案が国会へ提出されます。改めて、何故、事件が起こる前にこのような動きに至らなかったのかと考えざるを得ません。

私を含めてカルト問題に取り組む側がこのような悪質なカルト教団を解体に追い込み

被害者を救うことができていたら、このような事件は起こらなかったのではないか。統一教会と政治家の問題を追及してきた私自身の力不足を感じると同時に、教団の被害者をどうケアすべきだったのか、社会全体で考えていくべきだと思っています。

七月の事件後、メディアは連日統一教会の問題を報じ、そんな教団と関係を持ってきた政治家の追及も不十分ながら続いています。今年七月の事件前に、山上さんが当時の社会の状況をどう捉えていたのか、そして事件後の社会がどうなることを描いていたのかを知りたいと思い、書簡を書いた次第です。

返信をもらえるとありがたいです。そしてもし可能であれば、接見して直接山上さんと話したいと思っています。

鈴木エイト

「申し訳ないですがまったく興味ないです」と話した伯父

その足で大阪に戻り、山上徹也の伯父の家を訪ねた。「事前にアポイントメントを取らないとなかなか会ってもらえないかもしれない」と知り合いの記者から聞かされてはいたが、果たして会ってもらえるだろうか。

最寄りの私鉄の駅には改札が一つしかなく、伯父宅のある南側へ行くには、北側にある改札を出た後、にぎやかな駅前を背に、線路をくぐる歩行者用トンネルを通り抜ける必要があった。薄暗いトンネルを抜けた途端、雲ひとつない晴天とあって一気に視界が開ける。

この日も風の強い日だった。商店が一軒もない南側の駅前は、放射状に直線の道路が延びている。そのまっすぐな道を十数分歩いた先の閑静な住宅街に目的の家はあった。少し迷いながらも、ようやく「山上」と表札が出された家を見つけた。

追い返されても仕方ないと思ったが、インターフォンを押して名前と用件を告げると伯父は自宅内に上げてくれた。だがその表情は硬い。

亡くなった奥様の遺影が飾られた仏壇が置かれている応接間に通された。奥様の遺影に手を合わせる。


伯父に、事件へのスタンスや甥の徹也への想いを聞ければと思った。

伯父は山上徹也の自殺した父親の兄にあたる人物で、長年にわたり企業法務を扱う弁護士として活動してきた。

私のスタンスと裁判への今後の関わり、事件の動機面で政治家と統一教会の関係が争点になる可能性などを告げると、あっさりこう返された。

「そういうことですか。申し訳ないですがまったく興味ないです。やることがいっぱいあるので」

これまでのメディア対応については「徹也と母親についてメディアが聞きたいことがあるということで対応したが、それまでのこと」と素っ気ない。

最初は驚いた。事件を起こした甥を持つ伯父の立場として裁判に興味がないというのはどういうことなのかと、はじめは理解ができなかった。

だが伯父は決して冷たい人物ではなかった。

長すぎる鑑定留置は世論を冷ますための作戦

徹也の母は夫の自殺によってひとり残された。建設会社を経営する実家には経済力こそあったが、子ども三人をひとりで育てていくなかで、統一教会の陥穽(かんせい)に嵌(はま)り、自己破産にまで追い込まれてしまう。

弁護士である伯父はそんな一家に経済的な援助を続けた。生活費、教育費など、事あるごとに助けてきた。伯父がかろうじて山上徹也の生活を支えてきたのだ。徹也の妹の学費支援や就職の世話もしている。

そんな伯父は事件後、すぐに徹也の妹と母親を自宅に呼び寄せ、母親を自宅の空いている部屋に住まわせたという。

だが、八月七日に徹也の母親が「会見を開いて世間に詫びたい」と言って、伯父の家を出てしまう。妹とは連絡を取り合っていて、自宅にも来ているそうだ。

事件翌日、検察官を自宅に呼び、山上徹也の母親の献金を巡る教団との交渉や山上徹也の自殺未遂のことなどを説明し関連する資料も提供したという。

甥の徹也への想い、事件後の社会の動き、接見について、徹也の生い立ちや支援に関わることを聞こうと思っていた。正座だと足が痺れてくるので断って足を崩させてもらい、「何をしに来たんだと言われたら困るが、お会いしておきたかった」と告げた。

自分にもっと発信力があったら、早い段階で問題を追及できていたかもしれない。それが反省点であり、結果としてそのことで山上徹也が犯行に至ったのだとしたら、事件に責任を感じるし、今後の動きもきちんと見ていきたいということを話した。

「なるほどね」

伯父は一応理解してくれたようだ。

「いろんなメディアが来られている」という伯父。東京からも多くのメディアが取材に来ているそうだ。

「仕事柄慣れている」

「メディアからどう思っているかと聞かれるが何も思っていない」

長すぎる鑑定留置について聞くと、「徹也は鑑定留置でも統一教会のことばかり聞かれている」とのことで、伯父は「検察による鑑定留置の本意は違う」と指摘。そもそも鑑定留置の必要はなく違法であるという。

検察は鑑定留置期間を長く取ることで、世間の関心が薄れることを意図したのだろうか。

仮に懲役二五年なら出所時に六七歳

裁判について改めて聞くと「まったく興味がない」「裁判もそんな難しい裁判ではない」という。

私からは、山上徹也が安倍晋三と統一教会が関係していると「思い込んで」犯行に至ったという、その「思い込んで」というワードが、その報道を含め、危ういと思ったことなどを話した。

さらに、安倍元首相と教団との関係が背景にあったということが重要だと指摘した。すると「弁護団の方針がそうならクレームをつけようとは思わない」「事実関係についても争うなと」などと、裁判では情状酌量などを前面にはせず「事実関係のみをもって争うべき」と伯父は言う。

私もその点を担保することが必要だと思っている、動機面の裏付けがあって、その上で司法の判断を仰ぐのが筋であり公正だと感じていると話した。

　さらに伯父は証人として出廷することも否定した。

「仮に証人として呼ばれた場合、全部拒否するから。出ない」

　伯父はこうも突き放す。一見冷たく聞こえるかもしれないがそうではない。達観しているのだ。そう指摘すると「そういう人生」と笑う。

　一部の法律家などから指摘されていた山上徹也への死刑求刑の可能性については「そんなバカな」と一蹴する。

「二五年位かな、徹也の場合は。有期刑だと思っている。むしろ逆に二五年としたら徹也は出所したら六七歳ですよね。そのときのために、どうしようかと話している。今ごちゃごちゃ言っても仕方ない」


死亡保険金六〇〇〇万円の半分は「徹也と妹の法定相続分」


　山上徹也が出所したときのことを考えているという伯父。

「出てきたときにどうするか統一教会と返金に関するやり取りをしている」

「難しいのは母親が献金しているわけで、母親には返してもらうという意思がない。五〇〇〇万円取り返した分についても、教会に対して申し訳ないと言っている、徹也のこと（事件）についても同じ」

この時期、国会でも救済新法の件で議論されていた点だ。法的には母親本人に返金の意思がなければ難しいところだが、徹也の父親の死亡保険金六〇〇〇万円には、徹也と兄と妹の三人の法定相続分が含まれているという。

「相続分ですよ。そうなると半分は子どものもの」

「献金の総額や、原資は何だったか、今回初めてわかった。それまで献金総額を明らかにせよと教団とはＦＡＸでやり取りしていた」

二〇〇五年には伯父を交えず、教団側が生活費として三〇万〜四〇万円を毎月出すよう合意書を取り交わしていた。

返金交渉における時効について聞くと「向こうの弁護士が除斥期間と言ってきたが判例を読めと返した」そうだ。

元弁護士である伯父は教団本部にとっては手ごわい相手だろう。

「統一教会と関りを持ったときから、ひょっとしたらと書類はすべて残っている」

統一教会との話がつくまでは甥との接見をしようと思っていないと話す。

徹也に対しては「助けてほしいことがあれば全面協力する」と変わらず支援の意向を示す。容疑者の伯父というだけではなく俯瞰的に何をすべきか冷静に見ている印象だ。

伯父のスタンスは終始一貫している。

「徹也と妹の将来のこと以外に興味ない」

「それ以外のことは皆さんでやってください、頑張ってくださいと」

最初に「裁判にはまったく興味がない」と聞いたときはどういうことかと思ったが、それはこういう意味だったのだ。要するに、伯父にしかできないことをやろうと思っている、ということだ。

「そうですね」

私も自分の立場で発信していく、事件の背景がある程度わかっている側として、どう関与できるか、自分なりのやり方でやろうと思っていると告げた。

「ぜひお願いします」

伯父に会って話すことができてよかった。携帯電話番号の交換も行った。

「徹也を応援してくれる方が全国におられるようで」と話す伯父。大阪の弁護士会には、伯父宛てに山上徹也への差し入れが送られてくるという。

「『徹也さんのことよろしくお願いします』とあった。その方の想いは接見している弁護士から伝わっている」と伯父は語った。

帰り際に突然の訪問を改めて詫びた上で、お会いできてよかったと告げた。

二転三転する鑑定留置期間

山上徹也の弁護人と伯父を訪ねた二日後の一一月一七日、奈良地検は「捜査上の理由」として鑑定留置期間を一一月二九日から翌二〇二三年二月六日へ延長する請求を奈良簡易裁判所へ行い、その日のうちに奈良簡裁が認めた。

だが、一八日に山上の弁護団が決定の取り消しを求める準抗告を奈良地方裁判所へ行い、奈良地裁は鑑定留置期間を一月一〇日に短縮する決定をした。

さらに一二月一九日、奈良地検は奈良簡裁へ一月二三日までの鑑定留置期間延長を再請求、これに奈良簡裁が一月二三日までと決定。弁護団は一二月二〇日、奈良地裁へ準抗告。同日、奈良地裁が奈良簡裁の決定を取り消し、鑑定留置期間は再び一月一〇日までとなった。

一二月には被害者救済法『不当寄附勧誘防止法』が与野党の歩み寄りのもとで成立した。実効性が低いと批判されてはいたが、まず第一歩としてこのような団体を規制する法律が成立したことは評価できるものだった。

そして、二〇二三年を迎える。

一月一七日、関西へ向かった。山上の伯父と弁護人に会うためだ。

今回は事前に伯父へ電話をしてアポイントメントを取った。電話した際「何を聞きたいんです？」と言われた。私は山上徹也の伯父に何を聞きたいのだろう。ただ会って話がしたい、そう伝えた。

「何をしにいらっしゃるんです？　何を聞きたいんです？」

伯父の言葉はそっけなくも聞こえるが、前回の訪問で人柄はよくわかっている。実はとても思いやりのある優しい人だ。

また最寄り駅からのまっすぐな道を歩き、山上徹也の伯父宅を訪問した。二回目だ。

改めて鑑定留置自体がおかしいと力説する伯父。彼の話を聞いていると、レクチャーを受けているような錯覚に陥る。

「精神科医には何も聞くことがない。成育歴？」

大阪高等検察庁の指示で奈良地検が鑑定留置を長期間とることの狙いについては「世論の盛り上がりの鎮静化」と指摘する。

だが、事件によって社会がようやく知った二世問題や、教団の被害に対して『不当寄附勧誘防止法』も成立したが、こうした問題自体がなくなったわけではない。

肝心の政治家への追及はなされないまま、幕引きを図ろうとする動きも政界には見られていた。

解散命令請求に向けた質問権行使がなされるなかで年を越し、今後どう推移していくか不透明な状況だった。

伯父はずっと徹也のことを気にかけていた

伯父は統一教会の解散命令請求をめぐる動きについても懐疑的だ。

「解散命令請求はしないと思いますよ」

その理由は、宗教法人が解散となれば清算法人になり、選任された清算人によって教団の資料を調べれば、どの政治家にどのくらいお金が渡ったかがわかってしまう。政治家が隠しておきたい金銭の流れが記された極秘書類が発掘され、自民党政権にとって命とりになるからだと分析する。

一方、教団との返金交渉は続いているという。徹也とその妹のためにやるべきことをやるという伯父の意思が改めて感じられた。

山上徹也が自衛隊に入隊する前、公務員試験に落ちて伯父宅の近くの伯父の母親（徹也の祖母）が所有するマンションに住まわせていた時期があるという。

その後、自衛隊で自殺未遂をし、伊丹の自衛隊の病院に移ったときに、伯父夫婦は自宅に徹也を引き取ろうとしたが、そのタイミングで伯父や伯父の妻の病気がわかり、引き取ることができなかったという。

伯父はずっと徹也のことを気にかけていた。伯父の母親や妻もそうだった。

強気で話す伯父が、自身と妻の病気が発覚した時期に徹也をケアできなかったことについて、「天命」と言いながらも、そのことが残念でならないと悔恨を見せる場面があった。

六五歳で弁護士活動をリタイアし、退職金で妻と余生を過ごす予定を立てていたという。この時期の夫婦の発病、翌年に妻が他界。それも「天命」と言う。

伯父の言うようにすべてが「天命」なのであれば、もし、どこかで何かが違っていたなら、銃撃事件は起こらなかったのかもしれない。

統一教会が徹也の母親をマインドコントロールというレベルではなく、人格自体を変えてしまった、破壊してしまったと伯父は語る。

そしてそんな教団に対して、お墨付きはおろか、教団最高権力者への最大限の賛辞まで公開してしまったのが、安倍晋三という人物なのだ。

伯父は時折笑顔を向けてくれるように

在住する市の市長の不正を暴き、この事件以前にも大きな事件でメディア対応をしてきたと話す伯父。

伯父は時折私に笑顔を向けてくれるようになった。

山上徹也の鑑定留置が終わり大阪拘置所から奈良西警察署に移送された翌日とあってコメントを取りに来たのだろう、伯父の家にいる時間に三回ほどメディアが訪ねてきた。しかしアポイントメントがないとして、伯父は一切応対しなかった。

私も前回はアポなしだったがと伯父に聞くと、テレビで見たことがある人だったからと笑う。

気が付けば二時間も話し込んでいた。

帰り際、伯父は思いだしたように、自身の弟（徹也の父親）について、妻（徹也の母親）に暴力を振るったなどと報じられているが、それは事実でないと告げた。

「母親が、夫は優しい人でしたと話している」

伯父は、統一教会が諸悪の根源であり、それは安倍晋三も同様だと指摘する。

「自分がやるべきことをやるだけ」という。「裁判自体に興味はない」と繰り返す。適切に裁かれて、出所したあと、本来徹也と妹が受け取るはずだったお金を残してやることが自分のやることだと、伯父は改めて力説した。この伯父のように、自分のやることが見えている人は強いと感じた。

安倍晋三こそ悪質な教団を生き永らえさせてきた張本人

伯父のもとを辞去した後、自分がやるべきことは何だろうかと考えた。

事実を提示することが自分のジャーナリストとしての役割だ。山上徹也は事件前の現実認識において、統一教会と安倍の関係についてどう捉えていたのか。教団への憤り・恨みが安倍晋三という個人へ向かったことには飛躍があると、多くの識者やコメンテーター、キャスターは言う。しかし、本当にそうなのだろうか。

統一教会はこれだけ悪質なことを組織的に行ってきた団体だ。本来は罰せられるべき、摘発を受けて然るべき存在が、のうのうと存続し続け、いまだに被害を生み出し続けている。その背景には、本来そのような存在を規制し取り締まるべき政治家が、むしろ統一教会に加担してきたという側面がある。

それも、長年政界のトップに君臨し、憲政史上最長期間にわたって総理大臣の座に座り続けた安倍晋三こそ悪質な教団にお墨付きを与え、ある種の広告塔にもなり教団に権威付けし、摘発を逃れさせ、生き永らえさせてきた張本人なのだ。

権力を監視すべきメディアは、問題が顕在化していながらも、長年にわたって直視せず、多くの政治家と同じように軽視してきた。

さらに一部の主要な政治家たちは、軽視どころか、教団とギブアンドテイクの関係にあったのだ。

メディアを恣意的に操り無力化することに長けた官邸主導によって作りあげられたシステムは、安倍政権下で〝確立〟したとされる。

そのためか、私や弁護士団体が、いくら統一教会と関係を持つ政治家の責任を問うても、問題が広がりを見せることはなかった。

二世問題もそうだ。長年にわたり、大きな問題として取り扱われることはなかった。事件前に正面から二世問題を扱ったのは、二〇一八年に『ＡＥＲＡ』に掲載された私の単発記事ぐらいだ。

では山上徹也による銃撃が、そうした社会を変えたのだろうか。

私はそうではないと言いたい。

日本で最も有名な元総理大臣が、選挙応援演説中に銃撃されるというショッキングな事件が起こったことで、それほど重大な問題だったのだ、それほどの要人が銃撃されるほどに発展する萌芽を含んだ事案だったのかと、多くの政治家やメディア、そして社会、大多数の国民が気付いたことは事実だ。

自戒を込めて記すが、正直に言うと、教団幹部が狙われることはあっても、その教団と関係を持ち、組織体を生き永らえさせてきた側である政治家が狙われるとは思っていなかった。もしそう思っていたら、第一報を聞いてすぐ統一教会絡みの事件だと思ったはずだ。長年にわたり安倍晋三と統一教会の関係を追及してきた私でもそうなのだ。

私個人は複雑な立場にあった。事件の当事者たちの〝事情〟を知り得る立場にあり、事件の背景となった教団と政治家の関係について、最も詳しく調べていた唯一の言論人でもあるからだ。

事件後、否応なく渦中に巻き込まれることになったが、事実を探求するジャーナリストとして、これはある意味本望なことであった。言い換えると、事件後、過熱する報道に巻き込まれることで、統一教会追及のモチベーションを高く保つことができた、ということでもある。

だが、事件から半年が経過したころだった。ある情報を聞いたことで、私はしばらくの間立ち直れないほどの悔恨に苛まれることになる。

第四章

事件の約一週間前に山上徹也から届いていたメッセージ（前編）

山上徹也に送った手紙（その二）

二〇二三年一月一七日、伯父のもとを辞去した後に訪れた山上徹也の弁護人のひとりである小城達弁護士からこの話を聞いた時の衝撃がいまだに忘れられない。

小城弁護士は前回と同様に穏やかに迎えてくれた。多くを語る人ではない。それだけに人として信用できる。

このときも私は山上徹也への手紙を持っていった。まずその内容を示そう。

> 山上徹也様
>
> ジャーナリストの鈴木エイトです。昨年一一月に続いて二度目の手紙になります。
>
> 鑑定留置が一月一〇日で終わり、勾留期限の一三日に起訴と山上さんを取り巻く環境も変わってきました。裁判が始まるまでにはまだかなり時間を要するようです。
>
> 事件から半年以上が経ちました。昨年末の臨時国会で成立した被害者救済法が年明けに施行されましたが、実効性は薄く、そもそも法律で規制が必要なほど悪質なことを行ってきた教団と共存関係にあった大物政治家への追及は一切なされていないのが現状です。

山上さんの裁判は裁判員裁判になるため、裁判員への予断を排除するという観点から、公判開始前に山上さんの言動の一部が中途半端に広まったり報じられてしまうことには問題があると感じています。

今後の公判では、動機面において安倍元首相をターゲットにしたことへの相当性が、情状酌量（情状減軽）となるのか加重事由となるのか、量刑の判断に際しどちらに振れるのか判らない状況だと思います。そこが争点になった場合、安倍元首相と統一教会の関係性、つまり安倍元首相が本来取り締まるべき対象である教団の反社会的行為を助長したり体制保護に寄与しお墨付きを与えたという〝事実〟の確度、「被告がその確信に至ったことへの相当性」が審議されると思います。そこで私がこれまで追及してきた安倍元首相を中心とした政治家と統一教会の関係性の確度、事実性が問われると思っています。その立証に役立つのであれば、私自身が証人として出廷することや意見書を提出することも厭いません。

私が知りたいのは、山上さんが事件を起こす前にどのような〝絵〟を描いていたのかということです。

本来、反社会的なカルト団体を取り締まるべき立場にある政治家が、そのような団体のトップに最大級の賛辞を送り礼賛していたあのビデオメッセージを観て山上さんが抱いたであろう「絶望」が私には解る気がします。

二〇二一年九月にビデオメッセージが配信されるまでに、総理時代の安倍元首相は二〇一三年に統一教会へ組織票の依頼を直接行い、二〇一六年には徳野英治・日本会長を首相官邸に招いていました。一連の疑惑を追っていた私は、あのビデオメッセージについて、安倍元首相が教団との関係を公に報じられても痛くも痒くもないと判断し「映像が公開されても構わない」と高を括ったことに驚愕しました。実際に報じたのは数メディアしかなく大手の新聞やテレビは報じませんでした。

私は安倍元首相がここまで開き直ったことに驚愕しました。一方、山上さんは「絶望」し、そして事件が起こったのだと捉えています。その「絶望」を社会の側はより深く見ていくべきだと思います。

前回の手紙に書いたように、接見禁止が解けたら、もし可能であれば直接山上さんと話したいと思っています。それが叶わないようであれば書簡のやり取りをさせていただけると幸いです。

もちろん、その内容については即そのまま公開するような短絡的なことはしないと約束します。

鈴木エイト

私の書籍を山上は入手し読んでくれていた

奈良の小城弁護士の事務所内。

起訴後に国選弁護人の制限が取れたことで小城弁護士も私選から国選となり、もうひとり国選弁護人も加わり、国選弁護人四人の体制となったという。

前回差し入れをお願いした私の書籍について聞くと、すでに山上は入手し読んでいたという。発売後すぐに、山上本人が取り寄せてくれていたのだ。

小城弁護士は鑑定留置がここまで長くなったことについて、被疑者への負担などから疑念を示した。

週刊誌の記事のなかで、山上本人が言っていないことや拘置所での様子が曲解して報じられていると指摘する小城弁護士は、裁判前に情報が流れることは裁判員への予断を排除する原則からも問題だとした。

「一部を切り取られてワイドショー的に広まるのは彼（山上徹也）が望むところではない」

では彼が望んでいることは何かと知りたくなるところだ。

今後の展開については、公判前整理手続で、検察による証拠開示や争点整理から、弁護方針も決まっていくことになるという。

また、小城弁護士に、「山上徹也が統一協会被害者家族の会へ送った相談メール」について、本人がどう捉えているのかという確認を依頼した。

山上の母親が自己破産してから二年後の二〇〇四年五月、「統一協会被害者家族の会」ホームページに設置された「相談メールフォーム」に、山上は「統一協会について」という題名のメールを投稿している。

このメールにいったいどういう意図があったのか、山上の動機を探る上でどうしても知りたかった。

検察は争点にしたくないかもしれないが、動機面の真実相当性は当然争点になるべきだ。公正に動機面を担保した上で、裁判員の判断を受けるかたちになってほしいと思う。

情状酌量（情状軽減）か加重事由か、裁判員裁判だけにどちらに振れるかはわからない。他の人に当たらないよう近づいて撃ったという点もある。

動機面での合理性・相当性を担保した上で、他にやり方はあったはずとするのが筋だとは個人的には思うところだ。

そんな私見を話していた。

山上が語った衝撃の一言

衝撃はこのあとだった。

話の最後のほうで小城弁護士から「徹也さんがエイトさんへ事件前にメッセージを送ったけど返信は来なかったと言ってましたよ」と言われたのだ。

思わず耳を疑った。聞くとツイッターのダイレクトメッセージ機能を通してだという。送った時期は事件の一週間ほど前。

つまり、私は山上徹也からメッセージを受け取っていたにもかかわらず、返信をしていなかったのか。もし、メッセージに事件を示唆するようなことが書かれていたとしたら、事件を止められたのではないか。あるいは、統一教会の被害者が犯罪者となってしまう前に、思いとどまらせることができたのではないか……。

メッセージの内容を確認しようにも、ツイッターの仕様では、一度凍結されたアカウントとのメッセージのやり取りの履歴や内容は確認できない。ツイッターのメッセージは、フォローしていないアカウントの場合、メッセージリクエストに分類される。山上のツイッターアカウントは凍結されているため、メッセージ自体が消えてしまっている。

当時、山上徹也のメッセージに気付かなかったとしたら大失態である。彼はひょっとしたら私に自分の行動を止めてほしかったのかもしれない。

ツイッターにダイレクトメッセージが届いたことを知らせる通知メールを確認すると、二〇二二年六月二九日二一時一一分に、まさしく山上のアカウントからのメッセージが二通来ていたことがわかった。

「silent hill 333 (@333_hil) さんからダイレクトメッセージが届きました。」

メッセージの文面が、もしも事件を予告するような内容だったとしたら、私は当然、未然に事件を防ぐことができたはずだという誹りを受けるだろう。

また、彼が事件前日に投函したルポライター米本和広への手紙に類した内容だった場合、山上徹也が安倍元首相を狙うことも予測できただろう。

またその一方で、本人に犯行を思いとどまらせることさえできたのではないか。だとすると、事件を防げなかったことへの悔恨、統一教会の二次被害者である山上を犯罪者にしてしまったことへの後悔、なぜ当時気付かなかったのかという後悔、いろいろな感情があいまって、私は文字通り途方に暮れてしまった。

かなり動揺したまま、小城弁護士に御礼を言って事務所を後にした。

「徹也さんに聞いたら返事は来ていたそうです」

その夜、大阪市内の宿泊先のホテルに戻ってからもずっと自分を責めた。

彼は止めてほしかったのか、あるいは、犯行の背景についての事実の裏付けがほしかったのか、それとも理解者を求めていたのか、単に想いを聞いてほしかったのか、ただ何か聞きたいことがあったのだろうか……。

思考はぐるぐると堂々巡りを繰り返す。

「返信は来なかった」と小城弁護士に話していたという山上。追及のやり方はまったく違うが同じ安倍晋三という対象を追っていて、何らかの反応があると期待してくれていたのに、それすら裏切ってしまっていたとしたら……。様々な感情が脳内で渦巻いた。

なぜメッセージに気付かなかったのかと、いろいろな意味で悔やまれる。何らかのつながりを持とうとしてくれていたのだろうか。にもかかわらず、結果として無視するかたちになってしまったのだとしたらと、申し訳ない気持ちでいっぱいだった。自分の感情の振れ幅に思考が追い付かなかった。

そんな思いを抱えながら数日を過ごした。そのタイミングで会った人は、私の異変に気付いたことだろう。

だが、その週に山上被告と接見した小城弁護士から電話がかかってきた。

「気にしてらっしゃると思って」と前置きし「徹也さんに改めて聞いたら返事は来ていたそうです」と告げられた。

小城弁護士は、私が相当落ち込んでいるだろうと気にかけてくれていたのだ。

事件前の山上のアカウントからのメッセージは、七月一〇日に浦和家庭教会が埼玉市民会館で行うイベントへの参加者について照会する内容で、私から「情報提供ありがとうございます。調べておきます」という旨の返信があったという。

とりあえずホッとしたというのが本音だった。明確に犯行を示唆したり、ほのめかす内容ではなかった。とはいえ、実際にはどのようなメッセージのやり取りだったのだろう。小城弁護士に次回の接見の際に、どのようなやり取りをしたのか山上本人に詳細を確認してほしいとお願いした。

当該イベントを確認すると『埼玉希望フェスティバル』なるものがヒットした。

山上徹也被告とのメッセージのやり取りの内容については、翌月、本人と接見した小城弁護士から詳細を聞くことになる。

その前に、まずは彼の起こした事件が社会へ及ぼした影響について記しておきたい。

第五章　山上徹也に複雑な思いを抱く「宗教2世」たち

「2世の苦しみか。実に下らない」とツイートした山上

安倍元首相銃撃暗殺事件の直後にまず懸念したのは、葛藤を抱えた統一教会の「2世」たちが、山上に対して必要以上の共感やシンパシーを抱いてしまうことだった。

事件によって二世たちが抱える諸問題への社会的な関心が高まり、二世問題への社会の側の理解が深まったことは事実だ。それまで、私を含め二世問題に取り組むジャーナリストや弁護士・研究者・当事者がどれだけ発信しても「2世問題」が広がり、社会の共通認識として浸透することはなかった。それは、当の二世たちだけでなく、私を含め問題に関わってきた多くの人が感じていたことだ。

「山上の気持ちがわかってしまうところが辛い」

ある統一教会2世が私に語った言葉だ。すでに信仰はなく信者である両親や教団からも離れているにもかかわらず、そう思ってしまうという。

葛藤や苦しみを訴える統一教会の元2世信者たちを、大半の人々は〝同情〟をもって受け止めている。ただし、当の二世たちが山上の減刑嘆願運動などを始めた場合、それまでの圧倒的な〝同情〟が一気に逆のベクトルを向き、当事者二世たちが非難の対象となってしまう

ことを危惧した。

〝非業の死を遂げた〟安倍元首相の出棺時、増上寺周辺に集った群衆の〝熱狂ぶり〟、あの熱が逆のベクトルとなり二世たちに向かえば、大変なことになる。

その懸念は、事件直後からあったものの、山上のツイッターアカウントが特定され、「宗教2世」に対する以下のツイートが、ある程度二世たちに周知されたことによって、いったんは杞憂となった。

「#宗教2世　まぁあれだ、宗教2世の『結婚ガー就職ガー孤立ガー』なんてカルトのやってきた事に比べりゃ随分高尚なお話なことだ」
「2世の苦しみか。実に下らない。親を殺してニュースになる2世が現れて統一教会の名が出れば許してやろうかとも思うが」

このツイートを見た多くの二世が、山上のメンタリティについて「自分たちとは根本的に相容れないものがある」「異なっているのではないか」と感じたと思う。ただし、この一連のツイートについては、さらに深い意味があったのではないかということについては後述する。

「山上の気持ちがわかる」二世の苦しみと葛藤

統一教会の信仰を持った時期がないと思われる山上は、厳密には「統一教会の2世」とは言えないのかもしれない。だが、本人に「宗教2世」の自覚がなかったとしても、同教団の被害者でもある一世信者の次の世代であることは間違いない。これまで可視化されてこなかった「宗教2世」への被害がもとになって事件が起こったことは明白であり、広義の「統一教会2世」問題と捉えて然るべきであろう。

親が韓国での修練会や先祖解怨式に参加したまま帰ってこないケースなど、親が伝道活動や関連団体の活動に邁進している場合、その当然の帰結として、二世へのネグレクトが起こり得る。また、高額エンドレス献金や霊感商法によって、家庭が貧困に追い込まれる事例も多々報告されている。

私自身が海外メディアの取材を受けた際、特に二世の苦しみや葛藤について説明する段になって、不意に感極まり涙が止まらなくなってしまうことが何度もあった。

第三者の立ち位置から二世問題を取材し、多くの二世に会い、支援してきた私でさえ、改めて意識するとそんな感情の振れ幅を経験してしまった。当事者である二世たちの葛藤は想像以上に深く、また今回の事件によって受けた衝撃は非常に大きい。それだけに事件の背景と自分自身の境遇を重ねてしまう二世たちの心境を思うと心が痛む。

さらにメディアの取材が、そんな不安定な心境の二世たちに集中することの弊害やこうむるであろう精神的ダメージについても懸念を抱いた。

二世問題は本来、じっくりと取り組みながら当事者をケアしていく必要がある。ところが、事件によって二世問題が急激にクローズアップされたために、相談体制や行政側の体制などが十分に整わないままの状況で関係者が無理をしながら対応に当たることになった。問題の認知が一気に進んだ一方、支援体制や法的な保護については課題が残っている。

信仰のない「統一教会2世」は、自身と親、親と教団、自身と教団という三つの関係性のなかで様々な葛藤を経験している。特に親に対しては、これまで抑圧されてきたマグマのような憤りと親子間に普通に醸成された情愛が心のなかで共存しているケースが多い。

また、教団に対しては総じて恨みや怒りといったマイナスの感情を持っている。

そんな二世たちであるからこそ、殺人は決して許容しないが、山上の動機面のみを推しはかったときに、彼の気持ちがわかると感じてしまうのだ。

かといって、「教団の体制保護に寄与し被害拡大の原因のひとつとなっていた政治家を銃撃する」という山上の凶行と、大多数の「統一教会2世」の心象との間には相当な乖離がある。山上を〝一般的な〟統一教会の二世、「統一教会被害者である信者の子ども」として捉えることには注意が必要だ。

「減刑を求める署名活動」が立ち上がる

その過酷な半生が多くの人々の同情を集め、山上徹也の減刑を求めるネット署名活動が立ち上がった。事件の一週間後の七月一五日に、署名サイト『Change.org』において「山上徹也氏の減刑を求める署名」が始まったのである。

TOPページにはこうある。

〈伝えたい点は次の二点です
・過酷な生育歴を鑑みての温情
父親の自殺、母親の教団への一億円超えの寄付による破産、難病の兄の自殺
母親は、統一教会（現世界平和統一家庭連合）に入信する前にも別の宗教団体にのめり込み、ほぼ育児放棄、父親と母親の間にはその事で喧嘩が絶えず、その後父親は自殺
母親は統一教会に入信すると、まだ幼い子供達を残して度々韓国に行き、その間、子供達は食べるものすらない状態であった

金銭的な苦悩だけでなく、母親の信仰により、幼い頃からその影響下で育ち、精神的な苦悩をもよぎなくされた
・本人が非常に真面目、努力家であり、更生の余地のある人間である事
そのような苦悩を抱えながらも、学生時代は勉学に勤しみ、社会人になってからも様々な資格を取得するなど、真っ当に生きようと努力していた
今回の事件以降、ＳＮＳでは沢山の統一教会（現世界平和統一家庭連合）をはじめとする新興宗教の二世による苦悩の実態が明らかにされました。
親の信仰によって、生活も精神も追い詰められる人が非常に多いです。
このような状況で物心ついた時から生活していた山上徹也氏に、どうか寛大な見解をお願いします〉

この署名には、二〇二三年四月末の時点で、一万三五八四人が賛同している。寄せられたコメントを見ると、様々な意見があることがわかる。

二〇二三年一月一三日には、署名活動を立ち上げた「山上徹也氏の減刑を求める会」が検事総長や奈良地方検察庁検事正などに宛てて、その時点で集まった一万一〇〇〇人分の署名を提出した。

同日、司法記者クラブで同会が開いた会見を取材した。

会を主宰する斉藤恵代表は、別の宗教団体の二世だという。配付された資料には、署名活動を立ち上げた動機として、「自身の親の宗教ではネグレクトや身体的虐待、破産するほどの高額献金もなかったが山上の苦しさは他人事とは思えず『宗教二世』として悔しさ・苦しみはわかると感じた」と書かれていた。

また、具体的な共通点として以下の二点が挙げられていた。

「一つには、多くの宗教二世（ネグレクトより過干渉系の毒親育ち）に共通する心理的問題。

それは、自分が自分であることが許されずに、常に、なりたい自分になる事への罪悪感と、自分の望まない自分でいる事の惨めさ、苦痛、屈辱感との板挟みで心を病む事だ。

山上さんの場合は、ネグレクトだったので、ネグレクト故の苦しみがあったが、多くの宗教二世のような、思想の押し付けによる過干渉系毒親の影響は薄かったかもしれない。

二つ目は、『家庭』や『国家』を強調する政治家や団体ほど、その構成員である、子供や国民を蔑ろにする、という詭弁への怒りや不信だ。

ここが、正に私が山上さんの痛みに共感し、署名を呼びかけたいと思った所以だ。

多くの宗教二世、特に右派系新興宗教から離脱した人は皆肌で感じていることだと思う」

質疑応答で署名を始めたきっかけについて問われると、斉藤代表は、「山上が逮捕されてすぐに死刑にされてしまうと思って始めた」と返答していた。

もちろん日本のような法治国家で、すぐに死刑になるということはあり得ない。失礼ながら、基本的な法的知識が足りないのではと感じた。

斉藤恵代表と並んで会見に臨んだ同会の山口あずさ事務局担当は、「事件は民主主義の欠陥をあぶりだした」と前置きし、「三権分立が機能していれば事件は起こらなかった、内閣法制局の人事介入に象徴されるような民主主義を穢し続けた政治家が、民主主義が機能していれば生まれなかった暴力によって斃れたことは歴史の皮肉だと思う」と述べた。

また質疑応答でも、質問内容とは違う文脈で山上をドストエフスキー著『罪と罰』のラスコーリニコフにたとえて、政治的な持論を語り出した。

これを延々と続けられてはたまったものではない。私はあえて口をはさみ、短く回答するよう言った。山口事務局担当は、市議選にも立候補するなど、もともと政治活動に重点を置いている人物のようだ。

一方の斉藤代表は、山上について「金銭的な苦悩だけでなく、母親の信仰により、幼い頃からその影響下で育ち、精神的な苦痛をよぎなくされた」と配付資料や署名サイトの文面で言及しているが、この内容についても「山上のツイートを見ると、自身を宗教二世とは捉えておらず、本人の認識とは違うのではないか、彼の内心を決めつけてはいないか」と指摘した。

減刑運動や署名活動自体を否定はしないが、中心となっている人たちの発言には、思い込みや決めつけであると指摘されても仕方のないような点があり、しかもその思い込みを前提にして運動を進めていることには違和感を持った。

映画『REVOLUTION＋1』の波紋

「減刑運動」のほかに、山上徹也を革命家として描く映画も製作された。

LOFT CINEMAが製作し、元日本赤軍の足立正生が監督と脚本を担当した映画『REVOLUTION＋1』だ。足立監督は事件後一週間で脚本を書いたという。

公式サイトの〝INTRODUCTION〟にはこうある。

「足立正生監督の六年ぶり新作は、二〇二二年八月末に密かにクランクインし、八日間の撮影、間髪入れずに編集作業に突入、クランクインから一月後にはダイジェスト版を国葬当日に緊急上映を行うという離れ業を演じた。それで映画が持つ本来の荒々しいスピード感を八三歳の監督が、取り戻した。しかし、それでは終わらない、完成版を劇場公開する。描くは、安倍晋三元首相暗殺犯の山上徹也容疑者。この国は、安保法制や共謀罪がそうであったように、国民の大半の反対意見があるなかで、安倍晋三氏の国葬も強行された。民意をも無視を決め込み、国会は機能を停止し、ジャーナリズムも頼りなく、そのような状況下、足立正生は、再び、映画の持つ創造力と荒々しいスピードを取り戻す。山上容疑者の犯行を人はテロと呼び、民主主義への最大の挑戦と呼んだ。しかし、それは本質をついているだろうか。豈図らんや彼の行動は、自民党のみならず日本の政治家と統一教会の尋常ならざる癒着ぶり、保守を標榜する政党の爛熟の果ての退廃ぶりが公に晒された。この映画はもちろん、その是非を問うものではない。しかし、シングルマザー、宗教二世、派遣労働と、この国の貧困を体現してきた一人の男が自分と対極にある一人の男を暗殺する、それに至る過程を描くことで、この国に決定的に欠けているものを知らしめることになるのではないだろうか」

同じく公式サイトの〝STORY〟の記述だ。

「川上達也は、一人、ずっと暗闇の中で生きてきた。記憶のある明るい時間は、父が生きていた時代。普通よりは裕福な家庭で育ち、父が経営する会社も順調、優しい母、頼もしい兄と可愛い妹に囲まれて何不自由のない生活を送っていた。しかし、仕事と人間関係に疲れ果てた父の自殺からすべてが一変する。兄は癌の治療、転移による後遺症で片目を失明し自暴自棄となり、妹は急に貧しくなった生活に戸惑い反抗的になる。達也は、目指していた大学進学の道を断念する。母は、すがる思いで統一教会に入信する。そして、父が命をかけて家族のために残した生命保険も教団の言うがままに献金を繰り返し、すべてを使い果たして、遂には自己破産をしてしまう。そんな時、母を奪い返すために教団の施設に向かった兄は、屈強な教団職員に囚われの身となる。最も親しみを感じ、頼りにしていた兄も、絶望の果てに自死する。それ以来、希望も失い暗闇のなかを彷徨っていた。自分を、家族をここまで追い込み、すべてを失わせた元凶である教団への復讐を誓う。かつて自衛隊にいたときの経験を思い出し、改造拳銃を自分の部屋に閉じこもり作り続ける、確かな目的もなく。孤独の中で達也は『僕は星になれるのか』と瞑目する。突然、元首相が、自分が育った場所に選挙応援でやってくることが知らされる。早朝、身を整理した達也は、静かに部屋を出る」

「六年ぶりの新作にして最大の問題作」「あの〝衝撃の事件〟を基に描く」「僕は、星になれるのか」などのコピーが並ぶ。

二〇二二年九月二六日には安倍元首相の「国葬」に合わせて、新宿ロフトプラスワンにおいて五〇分の緊急特別版が上映された。私にも声がかかっていたのだが、読売テレビ『情報ライブ　ミヤネ屋』の大阪での出演と重なったため行けなかった。

この緊急特別版を観た『やや日刊カルト新聞』の藤倉善郎によると、一例として山上を童貞として描いているシーンを挙げ、二世問題の描き方が雑という印象を持ったようだ。

この年の年末、ロフト系のトークイベントに藤倉と株式会社ロフトプロジェクト代表取締役の平野悠らと出演した。その際、この映画について聞かれたが評価については肯定的には回答しなかった。すると、会場にいた同映画の製作者から「観ていないのに言えないだろう」という指摘が入った。

その後、二〇二三年二月一日にＬＯＦＴ９　Ｓｈｉｂｕｙａにて完成版のプレミア上映会が開催されることとなり、ＬＯＦＴサイドから招待された。

当日、会場で上映鑑賞後に抱いたのは、二世問題や山上のメンタリティーを理解しようとする立場としては全体的なストーリーやテーマについてはあまり評価できない、という印象だ。

山上をモチーフにした主人公を革命家として描いており、妹に「お兄ちゃんの意志は私が継ぐ」などと言わせている。また、隣の部屋に住む女性も革命家二世として設定している。これは足立監督の娘がモデルとなっているのだろうが、この設定で統一教会問題や二世問題を描いているというのは無理があると感じた。

その評価の一方、見どころも多々あった。本書でも書いたが、事件現場から銃弾が飛んでいった北の方角に、統一教会の奈良家庭教会へ抜ける路地がある。二〇二二年九月に事件現場を訪れたときに最も気になった場所だ。その場所をモチーフとしたのか、映画では銃撃前に路地裏で主人公が逡巡する姿が描かれていた。

足立監督に聞くとその場所で撮影したものではなかったという。だが、あのシーンを入れたところは、よく事件現場周辺について調べているとも言え、個人的に評価したい点だ。

もう一ヵ所、手製の銃の試射を行う場面で、自殺した兄が撃ち方をアドバイスするところがある。このシーンも、山上の人生を思い起こすと、ある意味示唆的である。

「観る価値はある」――映画の感想を聞かれたらこう答えるようにしている。いろいろなことを考えさせられる作品であることは間違いない。

また、この上映会にゲストとして登壇した宮台真司・東京都立大学教授が「山上徹也はロスジェネ世代」と繰り返し話していたことも印象的だった。宮台教授が二〇二二年一一月に八王子の都立大学構内で男に切り付けられた事件後、初めて公の場に出てメディア対応をするとあってメディアが殺到していた。

長い鑑定留置が終了し、ふたたび大阪拘置所へ

長すぎた鑑定留置についても振り返っておこう。

鑑定留置は被疑者の刑事責任能力を判断するための制度であるはずだが、山上徹也という

人物に鑑定留置自体が必要だったのか、また形式上必要であったとしてもその期間があまりにも長すぎるのではないかと様々な疑念を呼んだ。

・山上徹也の鑑定留置

二〇二二年

七月二五日　鑑定留置開始。

一一月一七日　奈良地検による鑑定留置の延長請求が認められ二〇二三年二月六日までに延長。その後、弁護団の準抗告などを経て一月一〇日までとなる。

二〇二三年

一月一〇日　鑑定留置終了（一七〇日間）。

一月一三日　殺人罪などで起訴。奈良西警察署へ。

二〇二三年一月一〇日に長い鑑定留置が終了し、七月二四日に中断していた勾留期限が再開。勾留期限日の同月一三日に殺人（安倍元首相銃撃）と銃刀法違反（加重所持・発射）の両容疑で起訴された山上徹也の身柄は、大阪拘置所から奈良西署へ移された。

二月一三日には武器等製造法違反・銃刀法違反容疑（自宅で複数の銃を製造・所持）、火薬類取締法違反容疑（自宅などで火薬を無許可製造・所持）、銃刀法違反・火薬類取締法違反容疑（手製銃の試射）、建造物損壊・銃刀法違反容疑（奈良県内での旧統一教会施設建物への銃撃）、そして参院選の応援演説中の銃撃であったことから公職選挙法違反容疑（選挙自由妨害）も追加となり、これらの各違反容疑で追送検された。その結果、山上徹也はふたたび大阪拘置所へと戻されることとなった。

弁護団からは「奈良から大阪への接見は遠く弁護活動に支障がある」と奈良地裁へ準抗告が行われたが「十分な警備体制が確保できない」と棄却され、最高裁への特別抗告も退けられることとなった。

山上は送検された容疑のうち、公選法以外の各罪状で追起訴され、裁判を待つ身となった。

第六章　事件の約一週間前に山上徹也から届いていたメッセージ（後編）

明らかになった山上徹也のメッセージ内容

山上徹也被告が追送検された翌週の二月二一日、小城達弁護士の事務所を訪ねた。事件前の私とのメッセージのやり取りの詳細について、山上への接見で確認してもらった内容を聞くためだ。

小城弁護士から聞いた山上徹也と私のメッセージのやり取りは、彼の記憶によると以下の内容だったという。

山上徹也

『やや日刊カルト新聞』を従前からずっと見ていました。初めまして。家族に信者がおり、統一教会をウォッチしている者です。やや日刊カルト新聞を始めエイト氏の日ごろの活動には頭が下がります。最近の統一教会ですが、七月一〇日、日曜日にさいたま市民会館、キャパ二〇〇〇人で何らかの催しがある旨、浦和家庭教会のホームページの礼拝週報から知りました。コロナ禍で大規模な集会は控えてきた統一教会ですが、何年ぶりかに活動を始めるのではないかと懸念しております。この大会について参加者等ご存じのことはないでしょうか?

鈴木エイト

情報提供ありがとうございます。七月一〇日といえば投票日ですね。六月中旬には世界会長(尹鍈鎬(ユンヨンホ)世界宣教本部長)が来日していましたね。選挙も近いですし何かあるかもしれません。キャパ二〇〇〇人規模ですと祝福(合同結婚式)関係かもしれません。私のほうでもチェックしておきます。

山上徹也

ありがとうございます。よろしくお願いします。

「七月一〇日、日曜日にさいたま市民会館、キャパ二〇〇〇人で何らかの催し」とは、前述の『埼玉希望フェスティバル』のことだろう。

ごくごく紳士的なやり取りである。山上徹也は少なくとも対人関係においてきちんとした応対ができる人物だとわかる。ツイッターにおける一部の投稿でも感じたことだが、彼の知的水準の高さがうかがえる。

事件一週間前の時点で安倍晋三はターゲットではなかった？

私と山上徹也が事件前にやり取りしていたツイッターのメッセージ内容について、捜査機関が把握しているかは不明だ（摑んでいる可能性はあるが）。

事件後、彼のアカウントは早期に凍結されてはいるが、ツイッター社が捜査に協力すれば、彼のアカウントのメッセージ内容は確認できるはずだ。

私へのメッセージをどう評価するかだが、単純にこのイベントに政治家がゲストとして来るかどうか探ったとも取れる。だが、そもそも選挙投開票日当日に大物政治家が教団イベントに来るとは考えにくい。だとすると教団関係者、教団幹部が来るかどうかを探ったような気もする。もしそうであれば、この時点では安倍晋三ひとりにターゲットを絞ったわけではなく、教団幹部を狙う〝予備計画〟があった可能性もある。

彼が私にメッセージを送った意図は何だったのか。いずれ聞いてみたいと思っている。

事件前に山上徹也が外部の人間にアプローチをしていたことは重要なトピックだ。もちろん、これで直ちに彼の動機が明らかになるわけではなく、また、公判の行方に影響を与えるほどではないのかもしれない。

山上徹也と私、統一教会問題を追及するという点での立場は同じだ。もちろん、山上徹也の取った手段は間違っていたが、事件前に彼とやり取りした内容などから、「著名な首相経験者を狙った政治的なテロリスト」というレッテル貼りには違和感を覚える。

山上徹也の動機を解明するための重要な手がかりとして、また事件の背景には統一教会と政治家の癒着があったことを示すためにも、山上徹也が事件前に私を含めた外部の人間とコミュニケーションを取ろうとしていたことは言及しておきたかった。

しかし、だからと言ってこの情報を出していいか悩んだ。念のため、このメッセージ内容を書籍に書いてよいものなのか、小城弁護士を通じて山上徹也本人に確認してもらうことにした。

ツイッターや事件前に米本和広へ投函した手紙のほか、山上が外部にコンタクトを試みた形跡がある。山上の母親が自己破産した二年後の二〇〇四年、「統一協会被害者家族の会」の相談メールフォーム経由で、「統一協会について」との件名でメールを送っている。このメッセージについても、小城弁護士に依頼して山上に確認してもらうことにした。

山上徹也が外部に助けを求めていた形跡を確かめたかった。彼の発していたSOSの痕跡は如何なるものだったのか。これは裁判においても貴重な要素となるだろう。

縮まった距離感

翌週、改めて小城弁護士が電話で連絡をくれた。

山上徹也本人に確認してもらったところ、これまで書いてきたものを読んでくれたなかで私のことを信用してくれたようだ。山上は「エイトさんの書き方で書いてもらってよい」と言っていたという。

「統一協会被害者家族の会」へのメールについても、公表していいかどうか確認した。小城弁護士も「山上が相談を送ったことを明らかにすること自体は問題ない」という。

「統一協会被害者家族の会」には私も十数年前から関わっているが、山上がメールを送ったのはその前になる。こうしたSOSのいずれかが然るべき相談機関などにつながり、事件発生を止められなかったのか、とつい考えてしまう。

この「統一協会被害者家族の会」への相談メールについて山上は、その後やり取りをした記憶があるという。この件について、「統一協会被害者家族の会」のほか、考えられる相談機関へ照会したが確認は取れなかった。

また、裁判に向けて小城弁護士は、「警察はできるだけの捜査をして検察庁に送った。起訴するかどうかは三月中旬をめどに判断される」という。

改めて山上徹也と私とのメッセージのやり取りについて考えてみたい。

小城弁護士から、山上徹也とのやり取りの内容を聞いているうちに、「そういえばこんなやり取りをした記憶がある」と、ようやく思い出してきた。確かに二〇二二年六月に来日していた教団の尹鍈鎬世界宣教本部長の動向について返信した記憶があった。

山上徹也が最後のツイートで訴えようとしたこと

事件の九日前の夜に行われた山上徹也とのメッセージのやり取りのほか、その前後の山上のリツイート、引用ツイートも意味深だ。

【RTるろうに@臨床心理士のメンタル回復bot @rurounibot777】

「若い人が自殺すると『まだ若い、これからの人だったのに』という意見が出るけど、むしろ若いから亡くなってしまうんだと思う。将来への希望が持てず『あと何十年もこれが続くのか・・・』と思うと生きる気力は削がれてくる。そのくらい今の日本で若い人が希望を持って生きるのはすごく難しいんだよ」(二〇二二年六月二九日八時三分)

（その後、鈴木エイトとダイレクトメッセージのやり取り）

【引用ツイート　@iminhantai】

「自民党憲法草案第十一条　国民は、全ての基本的人権を享有する。この憲法が国民に保障する基本的人権は、侵すことのできない永久の権利である。

何故これは書かないのですか？」（二〇二二年六月二九日二一時三九分）

　このツイートの翌日、六月三〇日のリツイートが山上徹也のアカウント「@silenthill333」の最後の更新となる。

【RT沈黙　@fmn_fq】

「人生、マイナスからのスタートをどうにか0に戻すのに必死になってるだけという感覚がある」（二〇二二年六月三〇日一〇時二五分）

　実際にはこのあと、六月三〇日一二時二四分に教団関係者のアカウントへメッセージを送っているが、対外的なツイートはこれが最後だ。

山上徹也は鈴木エイトの記事を読んでいた

山上とのメッセージのやり取りで最も重要なポイントは、彼が私に問い合わせた内容そのものではない。山上徹也が私・鈴木エイトの活動や書いた記事をすべてチェックしていたことにある。

- 『やや日刊カルト新聞』を従前からずっと見ていた。
- 『やや日刊カルト新聞』を始め鈴木エイトの日ごろの活動をチェックしていた。

山上のツイッターアカウントは私のツイートをリツイートしていたり、私が『ハーバー・ビジネス・オンライン』に連載していた『政界宗教汚染〜安倍政権と問題教団の歪な共存関係』や、私のコメントが掲載されたニュースなどもリツイートしていた。それだけでなく彼は『やや日刊カルト新聞』も読んでいたという。

この事実が意味するものは重い。

山上が安倍晋三をターゲットとした根拠、安倍が統一教会と只ならぬ関係にあったと判断した根拠は、主に私の書いた記事、私の調査報道で示した証拠によるものだったということだ。

彼が『ハーバー・ビジネス・オンライン』『やや日刊カルト新聞』を読んでいたということは、安倍と統一教会との関係を最大限時系列に沿って、リアルタイムで〝正確〟に捉えていたということになる。つまり、単に二〇二一年九月のＵＰＦ大会での「安倍晋三のビデオメッセージ」を見たというだけではないのだ。

安倍晋三と統一教会、両者のそれまでの密接な関わりと隠蔽の挙げ句、あのビデオメッセージには安倍のさらなる開き直りがあったということを理解していたことになる。

その一連の流れを理解している人間にとって、あのビデオメッセージが与えた衝撃は相当なものだった。

山上徹也がそうした〝予備知識〟を持っていた上に、あのビデオメッセージが重なり、結果として安倍が標的として完全にロックオンされた、とも考えられる。

同じ統一教会を追う人間として、彼の気持ちを推し量ると、彼がそう考えた経緯については理解できる部分はある。すでに統一教会から離れた二世に聞いても、あのビデオメッセージを見たときの衝撃と憤り、絶望は言葉にならないほどだったという。

もちろん、私は記事において安倍晋三を狙えと書いたわけではない。単に事実を報じたまでである。同じ記事を読んだ「宗教２世」でも、絶望はしてもアクションを起こさなかった者がほとんどだ。そもそも当時、大手メディアは安倍のビデオメッセージ自体を黙殺していたのだ。

しかし、それでも山上徹也が私の書いた記事を読んでいたという事実は重い。記事を出したことは正しかったと思っているが、ジャーナリストとしてどう向き合うべきなのか、深く考えさせられた。

山上徹也に送った手紙（その三）

小城弁護士に三たび山上徹也への手紙を託した。

> 山上徹也様
> 　前略　ジャーナリストの鈴木エイトです。
> 　小城弁護士から昨年六月末の私と山上さんとのメッセージのやり取りについて詳細を聞きました。私も返信していたとのことで山上さんからのメッセージをスルーしてしまっていたのではないと判り、安堵しました。山上さんのツイッターアカウントが凍結されてしまっているため、やり取りした内容そのものは確認できておらず、また私自身もメッセージのやり取りをした記憶自体が曖昧で申し訳ありませんでした。

昨年六月末の時点で山上さんとメッセージのやり取りができていたことは私にとっても意味が大きいと感じています。

先日、山上さんの事件をモチーフにした映画『REVOLUTION+1』を観てきました。山上さんをモデルにした「川上達也」という名前の青年が主人公なのですが、元日本赤軍の足立正生監督の作品とあって「川上達也」青年を『革命家』として描いており、その他の部分やディテールも監督と脚本家が想像で書いた脚本になっています。もし山上さんや妹さんが観たらきっと怒るだろうなというのが私の感想です。

また、先月には山上さんの減刑を求めるネット署名活動を主宰されている方の会見に行ったのですが、会見者二人の女性のうちの一人は仏教系宗教団体の二世の方で山上さんを『宗教二世』として捉えその「苦しみ」を代弁されてました。山上さんはツイート内容からしてご自身を所謂『宗教二世』とは思っていないと読み取れるため、違和感がありました。もう一人の会見者は山上さんを『罪と罰』のラスコーリニコフに譬えて自らの政治信条を延々と語っていました。

このように、様々の意見を持つ人や様々な立場の人が自分の思いを〝勝手に〟山上さんへ投影している印象です。

私は先入観を持たず、また安易な決め付けをしないようにして事件や山上さんに向き合っていけたらと思っています。

　事件後に山上さんへ宛てて送られたお金について「統一教会の被害者のために使ってほしい」と山上さんが希望されているとの報道がありました。ご自身が受けた教団からの被害を身をもって経験されてきたからこそ、同じような被害に遭っている人を気遣うことのできる心優しい青年が事件を起こすまでに至ったものは何だったのかということに思いを馳せると、その重大さ・深刻さに心が痛みます。

　マインドコントロールによって信者の財産や人生まで奪う教団の構造自体が諸悪の根源であることは言うまでもありませんが、そんな悪質な教団を放置したばかりかお墨付きを与え体制保護を行っていた政治家や、そのような政治家と教団の問題を何年も見過ごしてきたメディアの問題でもあります。そしてこの重大な問題をもっと大きく社会に知らしめることができなかった私自身への反省もあります。

　まだまだ寒い日が続きますがご自愛ください。　草々

令和五年二月二一日

引き取れなかったことを悔やむ伯父

小城弁護士の事務所をあとにして山上の伯父の家へ向かった。

また長時間にわたって話を聞いた。前回、伺った話の確認や返金交渉の進捗状況なども尋ねた。

亡くなった妻の病気が発覚したタイミングと、甥の徹也を引き取ろうとした時期が重なって、世話をしてやれなかったというエピソードを話すとき、伯父は悔恨を滲ませた。

二〇〇五年五月、徹也が入院していた伊丹の自衛隊阪神病院まで、伯父と妻が会いに行き、退院後は伯父の家で暮らす話をしたという。だが、その時期に伯父の病気がわかり、断念。伯父本人はそれも「天命」だとしているが、悔やんでいる気持ちがひしひしと伝わってきた。

さらに翌二〇〇六年には伯父の妻の病気が発覚。翌二〇〇七年五月に妻が亡くなり、伯父自身も病気発覚と手術を何度も繰り返した。

もし伯父夫婦が病気にならず、山上徹也が伯父の家に引き取られていたら、彼の人生はまた変わっていたのかもしれない。

伯父は表には出さないが、この件については思うところがあるのだろう。

伯父は孫が子ども用ピアノを演奏し自身が趣味のギターで競演する映像をスマートフォンで見せてくれた。

リビングへ移り、実際にギターの演奏を少し聴かせてくれた。

伯父の家のリビングの窓からは、彼が長年丁寧に育てている庭の木々が一望できる。一年中季節の花が咲いているのだという。

家族や親族を大切にしてきた伯父は、甥に対して何をしてやれるかを考えている。

いつも通される部屋には亡くなった妻に手向ける切り花が活けてあった。

酒を飲まないという伯父にとって、タバコとコーヒーが楽しみだという。私は毎回、コーヒーを買っていき一緒に飲みながら話している。

帰り際に再度、山上徹也の父親について確認すると、伯父は「徹也の母親が亡くなった夫を優しい人だったと言っている。暴力を振るう人間だった、などと書いていたメディアもあったがでたらめだ」と、改めて亡くなった弟に関する報道に苦言を呈した。

教団に「殺害場所」を探る

山上徹也が教団関係者にツイッターアカウントからメッセージを送っていたことも判明している。統一教会系メディアである『世界日報』が二〇二三年二月二八日に報じているものだ。

同紙によると、そのダイレクトメッセージは六月三〇日の一二時二四分に、埼玉県内の教団関係者のツイッターアカウントに届いたという。当該記事では、山上徹也のツイッターアカウント「silent hill 333」から教団関係者宛てに送ったダイレクトメッセージのスクリーンショットが示されている。

内容はこういうものだ。

〈実は私、母親が信仰を持っていて昔に教会（大阪）に通っていた事があります。その後私が引っ越した事もあり、母とは疎遠で特に教会の活動に参加していた訳ではないのですが、最近は懐かしくもあり時々〇〇教会のホームページを覗かせて頂いてました。教会の活動にがっつり参加したい訳ではないのですが（スミマセン…）、コロナ自粛も明けた事ですし何か大きな大会などあれば参加できたらなぁと思っていた所、週報に〇〇〇フェスティバル？という記載を見ました。これはどんな催しでしょうか？　参加できたりしますか？〉

『世界日報』の記事では伏せ字になっていたが、私宛てのダイレクトメッセージの内容と照らし合わせると、それぞれ『浦和』『埼玉希望フェスティバル』のことであろう。

記事によると当該フェスティバルには「日本や韓国の教団幹部らも出席する予定になっていた」とある。

『世界日報』によると、山上徹也は七月八日の奈良大和西大寺駅前、あるいは同じ日の夕方に埼玉県内のＪＲ大宮駅前で選挙応援演説予定の安倍元首相を銃撃するつもりだったが、それが失敗した場合、七月一〇日の屋内の教団イベント『埼玉希望フェスティバル』で教団幹部を狙う意図だった可能性があるとしている。

第七章 山上徹也が抱えていた「マグマのような憤り」の正体

事件前に米本和広氏に宛てた手紙

日本のみならず世界中を震撼させた元首相銃撃暗殺事件。

手製の銃で安倍元首相を撃ち、事件現場で現行犯逮捕された山上徹也被告は一七〇日間という異例の長さの鑑定留置を終え、二〇二三年一月に殺人罪で起訴された。これで山上徹也が司法の裁きを受ける準備が整ったことになる。

彼の事件によって教団の悪質さや政治家との関係が広く知られるようになった。

彼の心象を推し量るものとして、事件前日に岡山から投函された島根県松江市に在住するルポライター米本和広へ宛てた手紙の文面が、米本のブログへの山上の書き込みとともに取り沙汰された。

米本殿

ご無沙汰しております。

「まだ足りない」として貴殿のブログに書き込んでどれぐらい経つでしょうか。

私は「喉から手が出るほど銃が欲しい」と書きましたが
あの時からこれまで、銃の入手に費やして参りました。
その様はまるで生活の全てを偽救世主のために投げ打つ統一教会員、
方向は真逆でも、よく似たものでもありました。

私と統一教会の因縁は約三〇年前に遡ります。
母の入信から億を超える金銭の浪費、家庭崩壊、破産…
その経過と共に私の一〇代は過ぎ去りました。
その間の経験は私の一生を歪ませ続けたと言って過言ではありません。

個人が自分の人格と人生を形作っていくその過程、
私にとってそれは、
親が子を、家族を、何とも思わない故に吐ける嘘、
止める術のない確信に満ちた悪行、
故に終わる事のない衝突、その先にある破壊。

世界中の金と女は本来全て自分のものだと疑わず、
その現実化に手段も結果も問わない自称現人神。

私はそのような人間、それを現実に神と崇める集団、それが存在する社会、
それらを「人類の恥」と書きましたが、今もそれは変わりません。

苦々しくは思っていましたが、安倍は本来の敵ではないのです。
あくまでも現実世界で最も影響力のある統一教会シンパの一人に過ぎません。

文一族を皆殺しにしたくとも、私にはそれが不可能な事は分かっています。
分裂には一挙に叩くのが難しいという側面もあるのです。

現実に可能な範囲として韓鶴子本人、
無理なら少なくとも文の血族の一人には死んでもらうつもりでしたが
鶴子やその娘が死ねば三男と七男が喜ぶのか
或いは統一教会が再び結集するのか、

どちらにしても私の目的には沿わないのです。
安倍の死がもたらす政治的意味、結果、
最早それを考える余裕は私にはありません。

追伸：
私が米本さんに接触したのは「まだ足りない」としてだけではありません。
かつて「ＤＤ」と名乗ってコメントした事もあります。

ついでにtwitterアカウントを晒しておきます。
sillent hill 333
二〇一九年の秋頃に統一教会と家族について書いています。
「高度な検索」から探せるはずです。

山上は「安倍と統一教会との関係」を以前から把握していた

そしてこの一年半ほど前の二〇二〇年一二月に「まだ足りない」との名義で米本のブログ

への複数のコメントの末尾にこう書きこんでいた。


「我、一命を賭して全ての統一教会に関わる者の解放者とならん」

（二〇二〇年一二月一二日 一三時四一分）まだ足りない（米本ブログ）

「だが言っておく。復讐は己でやってこそ意味がある。不思議な事に私も喉から手が出るほど銃が欲しいのだ。 何故だろうな？」

（二〇二〇年一二月一六日 二〇時三九分）まだ足りない（米本ブログ）


安倍をターゲットにした理由について米本への手紙のなかで山上はこう記している。


「苦々しくは思っていましたが、安倍は本来の敵ではないのです。あくまでも現実世界で最も影響力のある統一教会シンパの一人に過ぎません」

「安倍の死がもたらす政治的意味、結果、最早それを考える余裕は私にはありません」

「苦々しくは思っていました」

この言葉からして山上が安倍と統一教会との関係を以前から把握していたことは明白であ

る。

また「本来の敵ではないのです」との記述から、山上は自身の一家に起こった家庭崩壊に対して直接安倍が何らかの手を下したとは思っていないことも読みとれる。

「現実世界で最も影響力のある統一教会シンパ」

これが米本への手紙の中での安倍元首相への評価である。冷静にことを進める一方で、事件後の〝政治的意味や結果〟について「考える余裕は」ないとしたためている。

事件が本当に政治的な「テロ」だったのかを考える上で、大きな意味を持つ記述だ。

第二次安倍政権の発足以降、統一教会と「密接な関係」に

検証のポイントは二つ。

一つ目の要点は、山上がそう思うに至った根拠はいったい何だったのかということだ。安倍を標的としたことに一定以上の合理性があり、それが山上にとっての必然性あるいは蓋然性として導き出せたのかという点である。

前章で示したように、山上が私の記事を読んでいたことから、根拠のほとんどは私の記事

ということになる。

もう一つの要点は、殺害ターゲットを安倍晋三とした理由である「安倍と統一教会との関係性」をどう捉えるかという点だ。山上にとって、これが安倍晋三の命を奪うに足るほどの問題だったのか。

安倍と統一教会との関係性について振り返ってみよう。

安倍の祖父・岸信介元首相と安倍の父・安倍晋太郎元外務大臣については、統一教会との密接な関係が歴史的な検証も含めてすでになされている。数多の文献やデータでも確認されており、もはや前提事項としてよいだろう。

安倍晋三と統一教会の関係が最初にメディアに取り上げられたのは二〇〇六年のUPF大会『祖国郷土還元日本大会』に、官房長官時代の安倍が祝電を送ったというものだ。

この前年にも安倍はUPFの創設大会に祝電を送っている。

また教団内部資料の記述から、統一教会の「反ジェンダー」策動において、安倍晋三との間に共鳴関係があったことが判明している。だが、この時点での安倍は、まだそれほど教団とは近しい関係性にはなかったと思われる。

しかし、それから六年を経て第二次安倍政権発足前後に、安倍晋三と統一教会の距離が一気に縮まり、両者は密接な関係となった。そのことが様々な傍証から判明している（詳しくは拙著『自民党の統一教会汚染　追跡三〇〇〇日』を参照されたい）。

両者の間にはギブアンドテイク的な取引が多数行われた形跡がある。

安倍側からは、特定候補者に対して「首相じきじき」に組織票による支援を依頼していた。

また、教団会長と総会長夫人を首相官邸に招待したほか、安倍側近の閣僚である下村博文文科相（当時）が、教団名称を変更する際に管轄省庁へ圧力をかけた疑惑（下村は否定）、多くの自民党国会議員の教団系イベントへの派遣など、様々な便宜を図ってきた疑惑がある。

教団サイドからは、組織票による支援だけでなく選挙時の運動員・スタッフの提供、二世信者組織を使い安倍政権支持を主張し街宣を行う印象操作・世論誘導工作の疑惑などが挙げられる。

「警察官僚出身の有力政治家」への懇願

第二次安倍政権発足以前、二〇〇七年から一〇年にかけて、教団が信者にやらせていた全国の霊感商法販社が摘発された。

なかでも渋谷にあった印鑑販売会社『新世』を警視庁公安部が摘発した際は、教団本部の向かいのビルにある南東京教区事務所などが強制捜査を受けた。

同公安部は教団松濤本部への強制捜査・家宅捜索を行う予定だった。だが当時の国際勝共連合会長・梶栗玄太郎が、警察官僚出身の有力政治家へ懇願し本部への〝ガサ入れ〟を逃れたとされる。

宗教法人の解散命令といった事態へ発展することを避けようと画策する教団は、政治家対策を強化。体制保護と引き換えに、悲願である憲法改正を実現させるために長期安定政権運営を目論む安倍首相側と利害が一致し、裏取引が結ばれた。私はそう見ている。

山上が安倍元首相を「統一教会シンパ」だと思うに至った根拠に関しては、私が報じてきたこの一連の裏取引の存在を、どこまで山上本人が把握していたかに尽きる。だが、この点については私の記事を読んでいた山上がすべて把握していたことは明白である。

教団内部文書、教団内部の証言など、安倍が直接統一教会サイドと何らかの裏取引をしていた証拠は積みあがっていた。しかし、安倍が教団系の集会に来賓として出席するなど、直接その関係性が明示された事例はなかった。二〇二一年九月までは。

同年九月一二日、韓国で開催されたＵＰＦの大規模オンライン大会『神統一韓国のためのＴＨＩＮＫ　ＴＡＮＫ　二〇二二　希望前進大会』に安倍元首相が予め撮影したビデオメッセージによってリモート登壇し、韓鶴子総裁と教団フロント組織を最大限に礼賛した。

あたかもその場に本人が立ち、基調講演を行っているかのように演出がなされた映像が、教団系ネットメディアから世界中に配信された。

この時、安倍自身が初めて明確に〝証拠〟を残したのだ。

ただし、これはリアルタイムの配信のみを許可しアーカイブは残さないという安倍側の出した条件に沿うかたちで公開された映像だった。この時点でも、安倍が教団との関係を完全にオープンにして広告塔となることを了承したわけではない。

事実、全国霊感商法対策弁護士連絡会（全国弁連）が内容証明郵便で送付した安倍晋三への「公開抗議文」について、安倍の国会事務所は受け取り自体を拒否した。「ビデオメッセージ」の経緯についても安倍事務所はＵＰＦジャパンからの依頼だとして詳細を答えなかった。

開き直りとも取れる安倍側の対応についても山上は私の報道ですべて知っていたのだ。

山上にとって、私と同様にこのときの映像がいかほどの衝撃であったか。山上が「最も影響力のある統一教会シンパ」として安倍元首相をターゲットオンした直接のきっかけとなったことは疑いようがない。

教団に家庭を壊された被害者が抱くマグマのような憤り。その感情の噴出先は教祖一族や教団幹部ではなく、本来であれば教団を規制すべきだった「統一教会シンパ」の政治家へ向かった。

統一教会・政治家・メディアの恥ずべき関係性

ＵＰＦへのビデオメッセージについて安倍自身は「公開されても自身への影響は大したことはない。大手メディアは報じないだろう。自分の選挙、自民党の選挙、自身の政治生命においてまったく影響はない」と高を括っていたと思われる。

事実、このときに報じたのは前述の通り『週刊ポスト』『ＦＲＩＤＡＹ』『実話ＢＵＮＫＡ超タブー』の三誌と『しんぶん赤旗』一紙のみ。テレビ各局や大手新聞ではいっさい報じられることはなく、当然のことながら安倍元首相へ非難が集まることもほぼなかった。安倍元首相の政治家としての読みは的中した。

二〇〇六年ころまでは、前述の安倍元首相によるＵＰＦ大会への祝電や国会議員による年会費数万円程度の教団関連団体への支払いといったトピックは単発ではあるが批判的に報道されていた。しかしそれ以降、政治家と統一教会との関係を報じる媒体はほとんどなく、私が寄稿した記事以外は皆無といった状態が一五年以上続いてきた。

政治家にしてみれば、統一教会と関係を持ったところで報じられることもなく問題視されることがないのなら利用し合ったほうが得だ、ということになる。

郵便はがき

料金受取人払郵便

小石川局承認

1112

差出有効期間
2024年 9 月14
日まで

112-8731

東京都文京区音羽二丁目
十二番二十一号

講談社
第一事業局

講談社+α新書係
行

★この本についてお気づきの点、ご感想などをお教え下さい。
(このハガキに記述していただく内容には、住所、氏名、年齢などの個人情報が含まれています。個人情報保護の観点から、ハガキは通常当出版部内のみで読ませていただきますが、この本の著者に回送することを許諾される場合は下記「許諾する」の欄を丸で囲んで下さい。

このハガキを著者に回送することを　許諾する　・　許諾しない)

TY 000050-2207

愛読者カード

今後の出版企画の参考にいたしたく存じます。ご記入のうえご投函ください（2024年9月14日までは切手不要です）。

お買い上げいただいた書籍の題名

a　ご住所　〒□□□-□□□□

b　(ふりがな)お名前

c　年齢（　　　）歳

d　性別　1 男性 2 女性

e　ご職業（複数可）　1 学生　2 教職員　3 公務員　4 会社員（事務系）　5 会社員（技術系）　6 エンジニア　7 会社役員　8 団体職員　9 団体役員　10 会社オーナー　11 研究職　12 フリーランス　13 サービス業　14 商工業　15 自営業　16 林漁業　17 主婦　18 家事手伝い　19 ボランティア　20 無職　21 その他（　　　）

f　いつもご覧になるテレビ番組、ウェブサイト、SNSをお教えください。いくつでも。

g　お気に入りの新書レーベルをお教えください。いくつでも。

この恥ずべき関係性がまかり通っていたのが第二次安倍政権以降の状況である。メディアの反応やその背後の世論の動向については、安倍元首相の政治家としての読みは確かに当たっていた。

しかし、その安倍の判断が山上の最終的な発火点となり、銃撃事件に至ったと仮定することもできる。もしそうであれば、このときの安倍の判断が自らへの凶弾を呼び込んだとも言えるだろう。安倍の「読み」はそういう意味では外れていたのだ。

安倍の視点には明らかに「欠けていたもの」があった。

教団が引き起こしてきた数々の社会的事件と、その陰にいる多数の被害者の存在である。

全国弁連の集計によって、一九八七年から二〇二一年に同弁連や全国の消費者センターに寄せられた統一教会による霊感商法の相談件数は、計三万四五三七件。累計被害額は一二三七億円を超えていることが明らかになっているのは最初に指摘したとおりだ。

また、これは氷山の一角に過ぎず、実際にはこの十倍以上の被害があると指摘されていることにも言及した。

近年も億単位の被害を巡る訴訟が複数起こされている。当然、そこには多くの被害者とその家族がいる。

山上家のように家庭が崩壊してしまった例は数知れず、教団へ恨みを抱いている潜在的な人は相当数存在すると思われる。

山上のツイート分析から見えた「社会全体への敵愾心」

山上のツイートについては様々な分析も行われているが、私は彼のツイートには「ある計算」が垣間見えると思う。

そもそもこの「silent hill 333」というツイッターアカウント自体、意図的に始められたものではないかとも見ている。『SILENT HILL 3』はコナミ株式会社（現コナミグループ株式会社）が二〇〇三年に発売した家庭用ホラーアドベンチャーゲームソフト『サイレントヒル』シリーズの三作目である。

母親がカルト教団に取り込まれ、父親を殺された主人公の少女が、カルト教団に復讐を果たしていくストーリーとなっている。

山上が自身の家族の状況と照らし合わせてツイッターアカウント名としたのではと指摘されている。

ツイート分析からの考察については政治学者の五野井郁夫・高千穂大学経営学部教授とドイツ文学翻訳家の池田香代子による書籍『山上徹也と日本の「失われた三〇年」』（集英社インターナショナル）も興味深い。

山上のツイッターアカウント「silent hill 333」による二〇一九年一〇月一三日から二〇二二年六月三〇日までの九九二日間の全一三六四ツイートのうち、リツイート以外の一一四七件を成蹊大学の伊藤昌亮教授が統計的に解析したものについて分析を行っている。

五野井教授は山上徹也と年齢も近く、いわゆるロスジェネ世代であり、その世代特有の閉塞感などから自身も山上のような隘路に陥る可能性があったと示唆している。

そしてこの世代の人物が起こした事件の犯人の共通項として、インセル（非自発的単身者）やミソジニー、反フェミニズム、社会全体への敵愾心などを示し、論じている。

ただ、同書籍では山上徹也個人が置かれていた状況よりも、彼が生きてきた世代全体の論考に重点を置いている印象も持った。

ややロスジェネ世代論に寄り過ぎている感もあるが、山上が外部へ向けて発した言葉を統計的に分析し、インセルやジョーカーといった様々なワードから内面を探っていく試みは彼のパーソナリティを把握する上で有益である。

疎外感、漠然とした憤り、マグマを溜め込んだ澱のような感情

私が一連のツイートから感じたのは、彼自身の家庭がカルト教団によって崩壊させられたことから家庭や親族的な愛情に飢えていたという圧倒的な孤独感だ。

「もう何をどうやっても向こう二〜三〇年は明るい話が出て来そうにない」(二〇二二年六月一二日)

私も一時期、社会的に地位が低く見られる仕事に従事していたことがある。山上がおそらく彼の意に沿わない仕事に従事するなかで抱えていたものや沸々と湧く感情があったとすれば、それもある程度は理解できる。

「これは自分が本来やるべき仕事ではない。自分がキャリアを捨てざるを得なかった理由は何だったのか」と、単純作業をこなすなかで、湧き上がってくるものがあったのではないか。

もちろん私と山上の立場や境遇はまったく異なる。私は彼ほど過酷な経験をしてきたわけではない。だが、自分があのころ感じていた疎外感や漠然とした憤り、マグマを溜め込んだ澱のような感情はなんとなくわかる気がするのである。

書籍『山上徹也と日本の「失われた三〇年」』は五野井教授から他の弁護人を通じて山上徹也被告へ差し入れられたという。

だが、この本ではある重要なツイートが見逃されている。

第八章

山上徹也は事件前からＳＯＳを発していた

「一命を賭してすべての統一教会に関わる者の解放者とならん」

山上徹也はその孤独な生活において、外部の人や様々な機関に接触を試みていた。それらのなかにはすでに公になっているものもあれば、いまだに誰も気付いていないものもある。こうした「外部へのコンタクト」は、事件に至る山上の心象を追う上で重要なピースとなるだろう。

事件前に米本和広のブログ『火の粉を払え』に山上徹也が書き込んだコメント、および米本とのやり取りを改めてリストアップしてみよう。

二〇二〇年九月七日三時三〇分　まだ足りない(山上徹也のハンドルネーム)

「〈人類滅亡計画〉おもしろいですね（笑）滅亡させて誰に何の得があるのかと思ったら、奴隷化計画でしたか。統一さんは既に統一教会の奴隷なんだから気にする必要ないような…（笑）人類が共産暴力奴隷になったら文一族の人類奴隷化計画がおじゃんですもんね。大変だ（笑）」

二〇二〇年九月七日一〇時三三分　米本和広

「〈Ｒｅ：人類滅亡計画〉わずか数行の文に（笑）が４つ。言語不明瞭、意味も不明瞭。（大爆笑）統合失調症か妄想障害か。病院を紹介しましょうか。あっ、一心病院はコロナで休業中だった。世界のバカ王に紹介してもらってくださいな。」

二〇二〇年九月七日一一時三四分　まだ足りない

「米本さんは形式張った事がお好きなようで（笑）別に米本さんを揶揄するのが目的ではないですよ（笑）陰謀論やカルトに有効なのは多大なエネルギーを費やして中途半端な論理性で否定するより、相手にしない事です。私もそうですが、何かの相手を真面目にすれば影響を受けるのも避けられません。相対基準を結ばないのが正解ですよ（笑）分かってやっておられるのも承知ですが（笑）まさか統一教会が文一族による人類奴隷化計画だというのが陰謀論だとおっしゃる訳ではないでしょう？（笑）」

二〇二〇年九月七日一二時二七分　米本和広

「また、だ！　八行の短文の中で、笑いが五つ。（笑）に何かをこめたいのは理解してあげるけど、悪いけど、意味不明。まあ、来年あたりに顔をだして。小生が一番嫌いなのは、時間の無駄づかい・能力の無駄づかい」

二〇二〇年一二月一二日二三時四一分　まだ足りない

「〈闇もまた見つめている〉　何らかの形で統一教会に関わる者、関わらざるを得なかった者(霊感商法の被害者も含む)が幸福になるには統一教会に囚われ続ける事が障害になるのはその通り。が、善悪は個人の幸福とは別に存在している。一人の狂人の誇大妄想、際限なき欲望、病的な自己愛が為に金を奪い、家族を奪い、幾多の個人の人生を狂わせたのは万死に値する罪ですよ。そんな悪の権化を今日も『〇〇様』と崇め奉り国会議員すら参列させ『勝利!』(悪がこの世に勝利したとでも言いたいのか?)と宣言する世の中な訳です。必要なのは許す事でも忘れる事でもない。彼等の罪を償わせ切ること。同じ人間が長い年月かけ捨身で築いたものを破壊するのが容易ではない。どれだけ平和を願おうとも武器を持ち迫る者と戦えば自分も同じ穴の狢。屈する者は負け犬という。

統一教会が信者を犠牲に築いて来た今を破壊しようと思えば、最低でも自分の人生を捨てる覚悟がなければ不可能ですよ。(それは米本氏も身を以て知っているはず)統一教会が滅んで悲しむのはこの世に害なす事が生き甲斐の者しかいない。何の遠慮がいろうか?　我、一命を賭して全ての統一教会に関わる者の解放者とならん」

二〇二〇年一二月一五日二一時六分　まだ足りない

「〈1%の訳がない〉　米本氏は本気で『統一教会への献金で問題になったのは1%』などと信じているのか？　また金でも貰ったのか？　統一教会が金を巻き上げたのは主に誰からか。信者の大半はどんな人々か。一人で信じて自分の金を延々巻き上げられたのならまだいい。自己責任とも言える。現実はそうではない。何らかの問題を抱え、悩みに、弱さに付け込まれた一人の信者の、或いは被害者の裏には彼らの家族がいる。そして信じた者が何をしてきたか。意図的に、或いは教会に言われ、『使命』として家族を巻き込み続けた。断言してもいいが統一教会が責められるべき献金は1%ではない。私は知っている。子供のため、一度は愛した妻のため、払いたくもない金を泣く泣く払い続ける夫を。それを嬌声をもって手柄話にする信者たちを。憔悴し切った家族に笑みを浮かべて説法する信者を。被害者が黙り続ける限り問題は起こらない。全ての人間がヒトラーにひざまづけば第二次大戦が起こる訳がない。少し自分のために何かを見ないようにするだけでいい。至って平和だ。世界平和家庭連合？　ポルポトか？　スターリンか？　ヒトラーか？　どんな地獄だ？　人の生き血はどんな味だ？」

二〇二〇年一二月一六日一〇時一六分　米本和広

「〈1%の訳がない〉カッカしなさんな。出発点が狂っている。だから、意味不明に、ヒットラーとかスターリンに行ってしまうのです。(笑)」

二〇二〇年一二月一六日二〇時三九分　まだ足りない

「〈因果はここに巡りに来にけり〉米本氏には悪いがもう少し語らせてもらう。家族を尊重する社会こそあれ、この世どこにも家族を騙し、奪い、争わせる事を奨励し、あろう事かそれを喜びさえする集団を是とする社会は無い。それ故に統一教会もその価値を利用する。ヒトラーやスターリンに並べるべきなのは言うまでもない、統一教会の所業が彼らに比肩し得る人類に対する罪レベルだからだ。こんなものが今の今のまで存在する事は人類の恥としか言いようがない汚点だ。彼らは彼らの行った業によって衆人環視の元、その嘘と骨肉の争いを死ぬまで晒し続けるしかないのだ。いずれ誰かが殺されるだろう。私と社会にはそれをビールでも飲みながら娯楽として消費する権利がある。行使するかは自由だが。だが言っておく。復讐は己でやってこそ意味がある。不思議な事に私も喉から手が出るほど銃が欲しいのだ。　何故だろうな?」

この後、山上徹也は米本から「激しく病的な思い込み」としてイエローカードを出され

「しばらく投稿は控えてください」との制限をかけられている。以降、山上は米本ブログへの書き込みはしていない。

『〈闇もまた見つめている〉』との文言からはドイツの哲学者、フリードリヒ・ニーチェの格言「深淵をのぞくとき、深淵もまたこちらをのぞいているのだ」を彷彿とさせる。

七年半の空白が示すもの

ネット上で確認できる山上徹也の痕跡を遡ると、二つのブログに行き当たる。二〇一二年から翌年にかけての山上徹也は、ハンドルネームを使ってルポライター米本和広のブログ『火の粉を払え』にコメントを書き入れる投稿者のなかのひとりという位置づけだった。同ブログのコメント欄においては、統一教会の現役信者、元信者、教団の批判者、米本のスタンスだった「反カルト」の批判者などがブログ管理者の米本とともに議論を交わしていた。

山上の最初の痕跡はまずそんな米本ブログの内容と連携する統一教会元信者のブログのコメント欄にあった。山上は「やや日読者」のハンドルネームで二〇一二年三月三十一日にコメントの書き込みを行っており、私の名前も出てくる。

二〇一二年三月三一日一四時三二分　やや日読者（山上徹也のハンドルネーム）

「>「人権」の方が、「反統一教会（反カルト）」より上位に位置する視点となる
その通りだと思います。しかし、青春を返せ訴訟でも扱われてるように統一教会の布教手段や日本で行っている活動自体が、基本的人権の一つである信教の自由を侵害している恐れがあるのはご存知かと思います。例えばオウム真理教が行った暴行・傷害・殺害或いは逮捕監禁などの肉体的侵害に比べて、信教の自由の侵害やそこから現れた財産的侵害、家族の精神的苦痛や関係の破綻などは、表立っては分かりにくい。既に言い尽くされてきた感もありますが、その被害はまだ確実に存在します。ある時は信者の破産、ある時は関係者の自殺、ある時は拉致監禁として。その被害者には個別の訴訟による金銭的救済しかない一方で、現在も膨大な資産を有したまま組織的・計画的に上記の被害を生み出し続けている団体を訴訟提起まで放置する現状が、統一教会という団体が、果たして適切と言えるのか？私自身も強制的な監禁による脱会説得といった事が許されるとは思いません。しかし反統一教会という枠組みが基本的には人権から出発している事、拉致監禁を取り上げないのはその理由による事、それは、あなたが統一教会の組織的な人権蹂躪による負の部分よりも、主に脱会説得に関わる部分を世に問われるのと、大まかには同じ理由です。ただ、エイト氏には冷静な判断をして欲しいとは思いますが。以上、突然の書き込み失礼しました。統一教会が大嫌いなんです、私。でも基本的には応援しています。頑張ってください」

(『統一教会 拉致監禁 人権侵害 宗教の自由 英語記事の日本語訳』二〇一二年三月二〇日「ちっぽけな少女の話 - 統一教会、エイト、絵美の両親、そして絵美さんへ、」http://humanrightslink.seesaa.net/article/258973289.html?reload=2012-03-21T10:12:28)

そして同年六月から「DD」というハンドルネームで米本ブログに書き込みが始まる。関連する一部を抜粋する。

二〇一二年六月七日一時四二分 DD(**山上徹也のハンドルネーム**)
(統一教会被害に取り組む弁護士を批判する米本の記事について)
「個人的に気になるので教えて頂けると助かります」

二〇一二年六月七日二一時二八分 DD
「教会の負の部分の記事にも、期待しております」

二〇一二年八月五日二三時七分 DD
「(略)本質的な子供の幸せとは何ですか。本人の考えや感情の尊重ですか。統一教会は常識的な社会の幸福感を否定してそれがひたすら再臨のメシアへの奉仕だと教えている訳ですが、「常識的な社会の幸福感」とは異なる感覚を子供が持つ事を容認する事と、米本さんの言うエンドレス献金をさせられ続ける事を容認するのは、同義ではありません。（略）統一教会は直接に死や暴力を招く訳ではありませんが「本位質的な幸福に反する事」とそうでない事の曖昧な境界に位置しているのは確かでしょう。（略）（※何もせずとも統一教会は長くは持たないかもしれません。拉致監禁が問題として一定の支持を得るのも、その事が理由の一つとも思えます。自然に滅びるなら、それに越した事はないのですが。）」

二〇一二年九月三〇日五時一一分　ＤＤ
「私には、信仰心の篤い壮婦の方の感情的コメントを読むほど苦痛な事はないので。統一教会にとって良くない事が続きますが、どうか御自愛のほどを」

二〇一二年一〇月一五日〇時五九分　ＤＤ
「あなた方が偽装勧誘や霊感商法被害に対して甘んじて罰を受けず裁判が続いているのは何故か…？」

二〇一二年一二月一三日二一時五三分 ＤＤ

「〈不毛〉同じ事が霊感商法と偽装勧誘の違法性を認定されつつその団体で絶対服従の対象として崇められ御言葉を発しながらも責任を逃れ日本以外では場合によってはＶＩＰとして待遇される事もある文鮮明及びその一族にも言える」

二〇一二年一二月五日〇時四四分 ＤＤ（Ａ）

「（略）そして実際に破産させ家庭を崩壊させているのが統一教会ですよ。違いますか？」

二〇一二年一二月五日一時一五分 ＤＤ（《Ａかつ（元）やや日読者》）（山上徹也のハンドルネーム）

「（略）統一教会の引き起こしてきた問題の根本は（勝手に）祝福を受けた者がその宗教上強いるメシアの為の犠牲をそうでない者が甘受すべきか否かの葛藤であった事。家族の絆が強ければ強い程、情が強ければ強い程、それが耐え難い苦痛であった事。それが家族の絆を理由に強制的に改心を迫られる拉致監禁とどう違うのかという事。あくまでも統一教会は正しく拉致監禁は撲滅しなければならないと言うなら、霊感商法や偽装勧誘とは別にそこを考えないといけない」

二〇一二年一二月七日六時四三分　DD

「鸞鳳さんの仰っている事は、拉致監禁を利用して統一教会の腐敗を隠蔽したい、拉致監禁に限らず可能な限り統一教会の利益を最大化させたい、そう聞こえるのは単に私が反対派だからですかね」

二〇一三年二月六日一八時八分　ｄｄ（山上徹也のハンドルネーム）

「反対派の工作かと反対派も疑うレベル　「脱落者」である元信者を復帰させるつもりなのか、おそらく自ら統一批判村に登録しているブログがあります。

『統一原理は真理です』

(http://kitagamitetsu.blog15.fc2.com/blog-entry-8.html)

『お父様もお若い頃は万物復帰をやっていました。だから万物復帰はお父様の道を行くことなのです』

『万物復帰もこの世では悪でも、摂理の為だったら善なのです。』

『殺人も復帰摂理の為なら善になることもあるのです。』

『僕は殺人までする覚悟はまだありませんが、殺人以外のことだったらやって逮捕される覚悟があります。み旨のためだったら逮捕される覚悟を持ってこそ本物の信仰者です。』ルーク氏にかんご氏に、このブログ主。基元節を前に、彼らによれば「色々表面に出てくる時期」なのかもしれません。徳野氏と本部に合掌」

二〇一三年二月のこのコメントを最後に山上徹也のコメント投稿は途切れる。彼がコメント投稿を再開するのは七年半後の二〇二〇年九月、「silent hill 333」とのアカウントでツイッター投稿を始めた二〇一九年十月の一一か月後だ。「まだ足りない」とのハンドルネームで米本ブログに投稿を再開している。

この〝期間〟の彼に何があったのかもポイントだ。

見過ごされていた「YからWへ」のツイート

米本ブログでの「まだ足りない」名義でのコメントは、二〇二〇年九月から一二月にかけて書き込まれた。このブログでの山上はシニカルなキャラクターを演じている感もある。外部へのアプローチとしては、救いに対して逆に壁を作っている印象だ。

だが、山上徹也による外部へのアプローチには、助けを求めていたのではないかと思われるものも存在する。その形跡については二〇二二年七月のツイート特定の時点で気になっていた。

「彼がコンタクトを取ろうとしたのではないか」と私が思ったのは、同じ統一教会の信者を親に持つある「宗教2世」だ。それが前述の五野井教授による分析（『山上徹也と日本の「失われた三〇年」』）では見過ごされていた「YからWへ」とその前後のツイートだ。

時期は二〇二一年五月。媒体はツイッター。これこそ彼のツイートのなかで最も重要な本音が出ているツイート、空白を埋めるピースではないかと私は思う。

事件の約一年前、二〇二一年五月に山上徹也は同じ統一教会の「宗教2世」に対して、引用ツイートのほかに、エアリプの体裁で呼びかけを行っているように見える。

私はここに彼の切実な思いを見て取った。同様の境遇にある人と思いを分かち合いたい、つながりたいという切望、圧倒的な孤独のなかで彼が外部に救いを求める手を必死に伸ばしていたのではないかとの見立ては特筆しておきたい。

まず五月一七日の二二時五五分、統一教会二世のWさんが、実家に恋人を連れて行ったときの報告ツイートを投稿した。

「昨日の実家凸

【報告】
・一般人だが、理解ある彼氏に多少安心した様子
・前から勘づいて覚悟してた様子
・だが繰り返される「3世ほしい」
・私も親もずっとそわそわ
【感想】
親の葛藤も伝わってきてつらい
祝福受けない伝えるの普通にしんどい
激怒されなかったのが意外
#統一教会2世
#宗教2世」

これに対し、山上は辛辣な言葉で引用ツイートを行っている。

二〇二一年五月一八日一九時三八分　山上徹也の引用ツイート
「2世の苦しみか。実に下らない。親を殺してニュースになる2世が現れて統一教会の名が

出れば許してやろうかとも思うが」

一方、その約三時間後に、山上は次のツイートを投稿している。

二〇二一年五月一八日二三時一九分　山上徹也のツイート

「ですが、特にあなたを憎んでいる訳ではありません。今回連絡してみようと思ったのはあなたも統一教会を憎んでいるだろうと思ったからです。憎んでいるなら、さぞかし深く深く憎んでおられるだろうと。統一教会を、文一族を、許せないという思いがあるならどうか連絡して下さい　YよりWへ」

つまり、山上がWさんと連絡を取ろうとした形跡が見られるのだ。

「YよりWへ」つまり「山上から●●へ」と、苗字のイニシャルで呼びかけている。自分と似た境遇、同じような思いを持つであろう人に呼びかけるツイートではないのか。

「連絡」とはツイッターのダイレクトメッセージ機能を使ってのコンタクトだと思われた。

それでも母親を殺すことはできなかった

だが、この一〇日後、Wさんからの返信や連絡がなかったからだろうか、山上はこんなツイートをしている。

五月二八日 山上徹也のツイート

「#宗教2世 まぁあれだ、宗教2世の『結婚ガー就職ガー孤立ガー』なんてカルトのやってきた事に比べりゃ随分高尚なお話なことだ」

統一教会信者の二世として同様の境遇にあったWさんへの呼びかけをしたと仮定すると、彼は何を求めていたのか。

この件について二〇二三年四月、Wさんに以下のようなメッセージを送った。

――山上被告のこの二つのツイートから、Wさんに連絡（ツイッターのダイレクトメッセージ）が行ったと思うのですが、実際に山上徹也被告から連絡は来たでしょうか？ もし差し支えなければ来ていたか、またどんな内容だったかを教えてもらえると助かります。（山上徹也被告のアカウントは凍結されているのでメッセージが来ていたとしても現時点では確認できないと思います）。

（来月出版する別の書籍『自民党の統一教会汚染2』で明かしますが）私も事件前に山上徹也被告とやり取りをしていました。そのことに気付いたのは今年に入ってからでした。

昨年後半から継続して山上徹也被告とは弁護人を通して意思疎通を図っていて、ある程度のやり取りをできてはいます。

彼の内面に迫りたく、また彼がどのような絵を描いて事件を起こしたのか、背景を含め解明しようと試みています。

その点でも、二〇二一年五月の時点でWさんにコンタクトを取ろうとした形跡は彼が外部へ助けや共感者を求めていたのではないかという点で、とても重要なポイントだと思います。

Wさんからはこう返信があった。

――結論、ダイレクトメールで連絡が来た認識はありません。もしくは、たくさんのダイレクトメールに埋もれて私が見逃してしまった可能性が高いです。

実は、引用ツイートされていたことには事件後にフォロワーさんから教えてもらって初めて気がつきました。

『YよりWへ』このエアリプも、エイトさんの今回のメールで初めて認識しました。かなり…重要なSOS…ですね…。それも事件の一年二ヶ月前…。『親を殺して統一教会の名が出れば…』山上徹也さんはそれでも母親を殺すことはできず、親以外で教会の悪行を世に最大限知らしめる手段として安倍さんに矛先が向いたのではないかと。徹也さんのSOSを拾いきれなかった。実際に私に彼から連絡が来ていたとするならば、どんな内容だったのだろう、私ができることがあったのではないか…と悔やんでいます。エイトさんにも事件前に連絡が行っていたのですね。

――ショートメッセージの設定などしておらず、念の為再度ダイレクトメール履歴辿ってみましたが、残っておりませんでした…弁護人経由で、彼の思いを聞いてみたいです。私からも、ダイレクトメールに気がつけなかった謝罪をしたいです。彼の人生を犠牲にさせてまで、二世問題を世に知らしめる役割を担わせてしまったことに、無関係ではいられない思いがあります

――確かに、彼の裁判に関われるのはエイトさんだけですね。怖い思いもありますが、二世への思いも山上容疑者から聞いて頂けたら嬉しいです。

つながりを持ち、感情を吐き出せていたら

もし仮に私の見立てが正しかった場合、Wさんにどんな思いでコンタクトしようとしたのかを山上被告に聞いてみたいと思った。

Wさんの山上に対する思いを伝え、当時どのような思いでWさんに連絡を取ろうとしたのか、他の統一教会二世への想いなども彼に確かめたい。小城弁護士に手紙を託した。

前述のように、私も彼からメッセージが来ていたことを知って、事件を事前に止められたのではないか、統一教会の被害者を犯罪者にすることを止められたのではないかと、かなり落ち込んだ経験がある。

彼を統一教会信者の子ども、次の世代として「統一教会2世」という括りで見た場合、自分に何ができたのだろうと考えさせられる。

もし彼がWさんなど統一教会を脱会した教団二世たちとつながりを持ち、感情を吐き出せていたら、想いを共有できていたら、ひょっとして圧倒的な〝孤独〟そして孤立から抜け出せていたのではないか。そう思わずにいられない。

ネットやSNS上でのつながりに過ぎないとしても、彼と同じような体験を経て、辛い思いを共有する二世たちと交流を持ち、愚痴を言い合ったりして感情を吐き出せる関係を築く

ことができていたら……。

先にも触れたが、二〇〇四年五月八日、山上徹也は統一教会などカルト問題の被害について取り扱う民間相談機関『統一協会被害者家族の会』のホームページの相談フォームからメールを送っている。

タイトルは「統一協会について」、本文には「あれはいつのことだったでしょうか」とのみ書かれていた。

家族の会事務局によると返信を送ったものの、それ以降メールは来なかったという。

山上被告の外部へのアプローチを時系列に沿って書き出してみよう。

二〇〇四年五月　『統一協会被害者家族の会』へメール。

二〇二〇年九月〜一二月　米本ブログへコメント書き込み。

二〇二一年五月　Wさんに引用ツイート（ダイレクトメッセージも？）。

二〇二二年六月　鈴木エイトのツイッターにダイレクトメッセージ。

二〇二二年七月　米本和広に宛てた手紙を投函。

米本ブログでのシニカルな山上、Wさんへの共感を求める山上、私への紳士的な山上、そして米本和広への手紙の山上、どれが本当の山上徹也なのだろうか。

ツイッター開設当初から安倍晋三をターゲットに？

再び話を山上徹也のツイッター分析へと戻す。

山上徹也のツイッターアカウントは事件直後に特定され、彼のツイートが解析されることとなった。

ツイートにある『ジョーカー』や事件との関連性から『タクシードライバー』といった映画の影響も指摘されている。

複数の研究者が分析し、それぞれの「山上徹也論」が出ているが、やはりどれも完全に正鵠を射ているとは思えないのだ。

もちろん私の見方のほうがずれているのかもしれないが、単に世代論や映画の影響といったわかりやすい文脈で済ますべきではないとも感じる。

確かに彼のツイートには教団への憤りからか、韓国に対する否定的な投稿が目立つ。だが中身はいわゆる「ネトウヨ的」な単なる嫌韓ではない。

ほかにも菅義偉元首相への批判や、トランプ前大統領の背後にある共和党と統一教会との関係性なども的確に把握してツイートしている。じつによく見えているのだ。

ツイートのプロファイルや心理分析では、「安倍」「統一教会」よりも「差別」という言葉が多いこともわかっている（『山上徹也と日本の「失われた三〇年」』より）。

その点から、格差社会への怨嗟（えんさ）や社会への怒りが事件の背景にあるとして「怒りを溜め込んだ四〇代男性の孤独」に焦点をあてる分析が目立つ。

また、山上被告の犯行に対して、無関係な他人を道連れにしたいわゆる「拡大自殺」、秋葉原無差別殺傷事件や相模原障害者施設殺傷事件、そして京都アニメスタジオ放火殺人事件、京王線〝ジョーカー〟無差別刺傷事件、大阪クリニック放火殺人事件といった事件との近似性を論点にするものもある。

だが、私はこれらの論述とは見解を異にする。

山上徹也のツイートは「シナリオに則った演技」だったのか

山上はターゲットをピンポイントに絞り込んでいる。そして犯行はタイムスケジュールに沿って行われた形跡があり、綿密な計算をもって俯瞰し実行したとしか見えない。

もとより、金銭的な窮状（きゅうじょう）による「残り時間」も計算した上での行動ではなかったのか。

タイムリミットは参院選終了時から、米本和広へ宛てた手紙の投函によってさらに差し迫っていた。詳細は後述する。

映画の影響、世代論、そんな単純明快なことではないという漠然とした印象がある。どれもすっきりとしないのだ。私の着眼点は別にある。

私は特定された彼のツイッターアカウント自体にも「バイアス」がかかっているのではないかと見ている。

というのも、彼は二〇一九年一〇月一三日にツイッターアカウントを開設した翌日の一四日に、すでに以下のツイートをしている。

この時点ですでに安倍晋三という人物を明確なターゲットとして事件を計画していたとみられるからだ。

二〇一九年一〇月一四日　山上徹也のツイート
「オレが憎むのは統一教会だけだ。結果として安倍政権に何があってもオレの知った事ではない」

このツイートを見る限り、当初から安倍晋三という人物にターゲットを絞っていた可能性が高いのではないか。

ツイッターアカウント「silent hill 333」には、「山上徹也の素の部分がでているツイート」と、「一連のシナリオに則ったキャラクターを演じているツイート」があると感じる。

警察発表にかかっている明らかなバイアス

教団の被害は長年にわたって続いていた。国のトップを務め、退陣後も政界、政権与党でキングメーカーとして絶大な権力を誇る政治家の庇護の下で、統一教会のさらなる被害が今後も継続することが想定された。

その核となる人物を殺めることによって山上徹也は被害の連鎖を止めようとした。その可能性はないのだろうか。

山上徹也が親族や弁護人以外との接見を断っている現状では、彼の肉声を拾えないという事情もあり、これまで出てきたのは警察関係者からのリークを受けたメディア報道が主だ。ただし、これも親族からは「嘘ばかり」という指摘もある。

実際に報じられたなかには、山上の弁護団から事実ではなく誤報を含めて裁判員に予断を与えかねないと指摘されたものもあった。

もちろん報道を信用しないわけではないが、報道ベースの「山上証言」については、現時点では「完全なファクト」として扱うべきではないと捉えている。

実際に報じられた山上の供述には、事実と照らし合わせて齟齬はないのか。

報道の一部をピックアップしてみよう。警察によるバイアス、親族や弁護人による否定。それらの指摘も踏まえてざっくりと羅列した。

・報道された山上容疑者・被告の供述

「母親が旧統一教会にはまり、多額の献金をして破産した」

「二〇〜三〇年前から旧統一教会に恨みを持っていた」

「教会を恨んでいて、安倍元首相は教会とつながりがあると思い狙った」

「母親が多額の寄付をして家庭生活がめちゃくちゃになった。絶対成敗しないといけないと思った」

「安倍元首相が旧統一教会に寄せたビデオメッセージを見て関係があると思った」

「去年の秋くらいには安倍元首相の殺害を考えた」

「結果的に安倍元首相が死んでも仕方ないという思いで銃を撃った」

「仕事を辞めて、所持金が尽きた。死ぬ前にやろうと決心した」

「七月中には金がなくなる。もう死ぬしかないと思い、このまま何もせずに終わるわけにはいかないと思った」

「数年前に総裁が韓国から来日した際には、火炎瓶を用意して愛知県の会場を訪れたが、中に入れず何もできなかった」

（事件について）「やるべきことをやった」

「統一教会を潰したかった。やるしかなかった。悔いはない」

（鑑定について）「同じことを聞かれてうんざりする」

（不当寄附勧誘防止法について）「二世を含む世界平和統一家庭連合・旧統一教会の被害者が救済されることを強く願っている」

「中身は詳しく知らないが、被害者の救済に向かうのは良いこと」

（拘置所等へ届いている手紙について）「裁判を控えており個別の返事はできないが、すべてに目を通している。温かい言葉に感謝している」


さて、どうだろうか。現時点では山上徹也本人に確かめることができないが、警察発表による報道には「生活に困窮するなか、不満を抱いていた」というある種のバイアスがかかっているようにも見えないだろうか。

動機は「ロスジェネ世代の不満」ではなかった?

世間の一定数の人は、安倍元首相銃撃暗殺事件を、「統一教会の被害者が追い詰められた挙げ句に起こした事件」と単純に捉えているようにも感じる。

また安倍晋三を狙ったことについては、「ロスジェネ世代ゆえの不満を時の権力者にぶつけた」という説が流布されていることにも違和感がある。

一方、山上徹也がもっと明確に「統一教会潰し」を画策して、「劇場型の犯行」として綿密に計算し尽くし、どうすれば停滞していた事態が動くのか、拡大自殺や集団殺人に走ることなく最も効果的かつ責任を問われるべき人物にターゲットを絞った、という可能性も考えられる。

本来であれば規制されるべき悪質な教団が野放しとなるなか、教団を放置することに加担した政治家を狙うことで、自身の今後の人生と引き換えに社会を変革する。それが山上徹也の目的だったのではないか。

最も効果的な対象を選び、犯行後におそらくツイッターが分析されることも見越して、単なる「〝反安倍〟による政治的なテロ」と見られて統一教会問題が蚊帳の外に置かれることがないように事前に手がかりを残したのではないだろうか。

山上の「silent hill 333」以外のツイッターアカウントが二〇一九年一〇月より前に存在し、安倍や教団幹部への殺害を示唆したことによって凍結されていたとの報道もあった。当該の報道について小城弁護士経由で山上に質問したが、この時点では不明だった。

山上徹也に送った手紙（その四）

四月中旬、小城弁護士を訪ね以下の手紙を渡してもらうよう頼んだ。

> 山上徹也様
>
> ジャーナリストの鈴木エイトです。
>
> 前回は、昨年六月末のメッセージのやり取りについて小城弁護士を通して確認させていただき感謝です。
>
> 当初、返信がなかったと徹也さんが話していたと聞いて「もし事件を示唆する内容だったとしたら自分には事件を事前にとめられたのではないか、統一教会の被害者を犯罪者にすることをとめられたのではないか」とかなり落ち込みました。小城弁護士が気にかけてくれて徹也さんと接見後にすぐ連絡をくれました。
>
> 私が気になっているのは、では徹也さんが「ダイレクトメッセージに返信がなかっ

た」と言っていたのは私ではなかったのなら誰だったのかということです。
実は思い当たることがあります。
徹也さんは二〇二一年五月一八日一九時三八分に以下の引用ツイートをされています。

〈2世の苦しみか。実に下らない。親を殺してニュースになる2世が現れて統一教会の名が出れば許してやろうかとも思うが。〉

同日二二時二分には以下のツイートをされています。

〈あの頃からは、ずい分教会も変わりましたね。
三派それぞれが文鮮明を奉じていますが
金を巡る骨肉の争い、
銃製造、
武装結婚式、
どこにも愛も平和もありません。〉

その約二時間半後の同日二二時一九分に徹也さんは以下のツイートをされています

〈ですが、特にあなたを憎んでいる訳ではありません。
今回連絡してみようと思ったのは
あなたも統一教会を憎んでいるだろうと思ったからです。
憎んでいるなら、さぞかし深く深く憎んでおられるだろうと。
統一教会を、
文一族を、
許せないという思いがあるなら
どうか連絡して下さい
YよりWへ。〉

この流れからして、徹也さんはこの日、Wさんにダイレクトメッセージを送ったのではありませんか？　そしてその返事が来なかったことから一〇日後の五月二八日に。

〈#宗教2世
まぁあれだ、宗教2世の「結婚ガー就職ガー孤立ガー」なんてカルトのやってきた事に比べりゃ随分高尚なお話なことだ。〉

とツイートされたのではないかと見ています。

Wさんとは今もやり取りをしていて、この時のことを先日Wさんに「山上徹也さんのアカウントからダイレクトメッセージが当時来ていませんでしたか」と訊きました。

Wさんによると、ダイレクトメッセージで連絡が来た認識はなかったとのことです。もしくは、たくさんのダイレクトメッセージに埋もれて見逃してしまった可能性も高いと。徹也さんに引用ツイートされていたことには事件後にフォロワーさんから教えてもらって初めて気がついたそうです。

彼女からは、徹也さんのSOSを拾いきれなかったことへの悔恨の気持ちが綴られていました。

「実際に私に彼から連絡が来ていたとするならば、どんな内容だったのだろう、私ができることがあったのではないか…と悔やんでいます」

「彼の思いを聞いてみたいです。私からもダイレクトメールに気がつけなかった謝罪をしたいです。彼の人生を犠牲にさせてまで、二世問題を世に知らしめる役割を担わせてしまったことに、無関係ではいられない思いがあります」

彼女からは徹也さんに「二世への思いを聞いて頂けたら」とありました。

また、前回小城さんに徹也さんが自衛隊にいた当時に統一協会被害者家族の会へメールを送っていた件について聞いてもらいました。やり取りがあった旨を聞きましたが、家族の会ではやはり以下のメールしか確認できなかったとのことです。

件名：統一協会について
本文：あれはいつのことだったでしょうか

●●●●●●●●●（他の相談機関）にも非公式に確認しましたが、古い相談メールは確認できなかったとのことでした。

徹也さんのほうで、どこに相談メールを出したかなどもし差し支えなければ記憶の範囲内で教えていただけると幸いです。徹也さんが外部にＳＯＳを出していた時期や内容は今回の問題について重要なピースだと思っています。

また、これは裁判の内容にも干渉することなので、難しいと思いますが昨年七月の読売新聞に以下の報道がありました。

読売新聞オンライン「山上容疑者、安倍氏が首相在任中から殺意か…殺害示唆する投稿でアカウント凍結」(2022/07/31　08:57)

安倍晋三・元首相に対する銃撃事件で逮捕された山上徹也容疑者（四一）が、二〇一九年以前にもツイッターで安倍氏の殺害を示唆する投稿をしていたことが関係者への取材でわかった。これまでに判明しているものとは別のアカウントで、ツイッター社に利用ルール違反で凍結されていた。安倍氏が首相在任中だった三年前にはすでに殺意を抱いていた可能性がある。

ツイッター社は事件後の今月一九日、山上容疑者が一九年一〇月に開設した「silent hill 333」という名前のアカウントを凍結し、投稿も閲覧もできないようにした。

同社によると、このアカウントと同一人物が開設したアカウントが一九年一〇月より前に存在し、同社が凍結していた。「特定の標的に対し、殺害の意思を示す」ことなどを禁じる同社の利用ルールに違反していたためだった。

同社は取材に「投稿内容は明らかにできない」としているが、関係者によると、安倍氏の殺害を示唆するものが含まれていたという。

この報道内容は事実でしょうか？　だとすると世間の人が思っている「山上被告は二〇二一年九月のＵＰＦ集会へのビデオメッセージを見て安倍元首相をターゲットにした」という認識は間違っているということになります。

最近、集英社から発刊された五野井郁夫さんと池田香代子さんの『山上徹也と日本の「失われた三〇年」』（集英社インターナショナル）も読みました。徹也さんのTwitterアカウント（silent hill 333）のツイート分析からの論考ですが、ロスジェネ世代論に寄り過ぎている感があるのといくつかの重要なツイートをスルーしているのではと思いました。また、私は徹也さんのsilent hill 333アカウントからのツイートには徹也さんの地の部分と敢えて演出している部分があったのではとの印象を持っています。以前のアカウントが凍結されたことから慎重な書き方になっていること。銃撃事件後、アカウントが特定された後に社会へ拡散されることも計算の上でツイートされていたのではないかと見ています。

鈴木エイト

第九章　山上徹也が見た「絶望」の正体

銃撃直前に見せた「機械的な使命感」

山上徹也が見ていた「絶望」とはいったいどのようなものだったのか。彼が直面していたものの深淵を覗き込むとき、そこに我々は何を見るのだろう。

ここで、追い詰められた中で彼が発揮した冷静さについて改めて言及しておきたい。

安倍晋三銃撃にはタイムリミットがあった。事件前日の七月七日、ブログのコメント欄を通してやり取りがあった島根県松江市在住のルポライター米本和広宛てに元首相銃撃を示唆する手紙を岡山から投函していたからだ。

米本宅へ届いた手紙が開封され、警察へと情報が寄せられることを想定したはずである。当初、山上は投函直後に銃撃を遂行する決意を固めていたが、実行には至らなかった。同じ中国地方においては翌日までに配達が完了することを知っていただろう。

手紙が開封される前に安倍を撃たねばならなかった。応援演説の予定地が長野県から奈良県内へと突如変更となり、この機会を逃すと銃撃計画が完全に失敗に終わることを覚悟した山上にとって、七月八日の近鉄大和西大寺駅前での安倍の応援演説は事実上最初で最後のチャンスだった。

奇しくも山上自身が在住し、母親が多額の献金を納めた教会のある奈良県奈良市内での安倍晋三の応援演説である。ある種の運命を感じたであろう山上は、終始冷静に行動し銃撃を遂行した。その精神力は並大抵のものではない。

決して褒めているわけではない。ただ、一連の流れを追えば追うほど、彼の冷静さと精神力に驚愕の念を抱かざるを得ない。

銃撃直前の彼の一挙手一投足を捉えた映像からは、目的をただ遂行するという機械的な使命感さえ見て取れる。そしてその冷静さは圧倒的な「絶望」の裏返しゆえのものだと感じる。

狙いは本当にテロだったのか

事件後、統一教会の悪質さは十分社会へ伝わった。このまま教団への解散命令請求がなされ、数年がかりで裁判所が宗教法人の解散命令を出せば教団にとってかなりのダメージとなるだろう。それはこれからの被害発生を間違いなく抑制するものとなる。

一方、事件発生から連日報じられていた教団と政治家の関係については中途半端なまま幕引きが図られ、メディア報道もほとんどストップしている。

この状況を山上徹也被告は想定していただろうか。

私は山上が描いていたであろう〝絵〟を最小から最大までの振れ幅を想定した上で追ってみようと思い、この本を書き進めてきた。

様々な可能性が考えられた。思いつくまま書きだしてみる。まずは決めつけをせず先入観を極力排除した上で見ていこう。

・「義憤に駆られた緊急措置」説

自分と同じような被害者をこれ以上出さないために、悪質な教団をここまで生き永らえさせてきた元凶である安倍晋三を緊急措置的にターゲットとした。

・「綿密な計画の上で社会変革を図った」説

すべてを計算し尽くし、その後の社会の状況を構築するという、社会変革を狙って起こした可能性。その場合は、私も登場人物として配役が決められていたのかもしれない。事件後には「『現場では抵抗せず大人しく逮捕された上で教団の悪質性を供述する』というシナリオ通りの行動をとった」という説も囁かれた。

・「完全に受け身で追い込まれての行動」説

母親の入信と教団による財産収奪により家庭が崩壊しキャリアも閉ざされ貧困の中で這い上がれず、元凶である教団を追い込むために関係を持ってきた安倍元首相を銃撃。

これ以外に、山上徹也が安倍晋三という人物を憎しみぬいてターゲットとしたことも考えられる。

山上徹也は安倍晋三をどう評価していたか

彼は社会をここまで変えてしまうことを目論んでいたのか。それとも限界を悟った上でできることをやろうとしたのか。

私は彼のツイッターアカウント自体にもバイアスがかかっている可能性に触れた。彼は二〇一九年のツイッターアカウント開設当初から事件を計画していたともみられるからだ。それ以前には別アカウントが存在していた可能性もある。だとすると、「silent hill 333」でのツイートは、何らかの意図を持って作られたものではなかったのか、という疑問も浮かぶ。

そもそも、山上が単に二〇二一年九月の「安倍晋三ビデオメッセージ」を見たことで、元首相をターゲットにしたとは思えないのだ。もちろん、山上に最後の一線を越えさせたものがあのビデオメッセージだった可能性は高いと見ている。

事実、彼は私が書いてきた記事を従前から読んでおり、世間の人が一般に知っている安倍と統一教会の関係より、経緯を深く把握していた。


私は山上徹也が事件を起こした動機について最初からこうだと決めつけることなく、彼のパーソナリティを追ってみたいと思った。

私が長年取り組んできた安倍晋三を筆頭とする政治家たちと統一教会の「疑惑」。なかなか社会にその深刻さは理解されなかったが、山上徹也の起こした事件によって潮目が変わったことは事実だ。

多くの人が疑問に思ったのが「安倍晋三という首相を務めたほどの人物がまさか統一教会と関係をもっているなんて」という点だ。

安倍が凶行に遭った直接の原因を改めて考察してみたい。

事件前日にルポライターの米本和広へ投函した手紙のなかの山上の記述を再度示す。

「苦々しくは思っていましたが、安倍は本来の敵ではないのです。あくまでも現実世界で最も影響力のある統一教会シンパの一人に過ぎません」

「安倍の死がもたらす政治的意味、結果、最早それを考える余裕は私にはありません」

「本来の敵ではない」との記述から、山上は自身が被った家庭崩壊に安倍が直接影響を及ぼしたとは思っていないとも読み取れることを強調した。

教団への憤りによって安倍を「逆恨み」したわけではなく、山上はあくまで冷静に、どうすれば教団に最もダメージを与えることができるかを考え、銃撃を実行したと印象づけるものだ。

安倍元首相をターゲットにした理由を手紙にこう記していることの意味を改めて考えてみる。

「現実世界で最も影響力のある統一教会シンパ」

この山上による安倍への評価を、字面通りに受け取るべきなのか。

事件を起こした後の〝政治〟に関することには「考える余裕」がないとしている。この記述を信じる限り、事件に政治的な背景がないことは明白だ。事件を「政治的テロリズム」として片づけることによって見えなくなるものがあると感じる。

この米本和広への手紙の文面も、事件後に多くの人の目に触れることを計算した上で書かれた可能性がある。

「安倍は本来の敵ではない」ツイートの真偽

事件後、真っ先に報じられた「ある団体への恨み」。

山上徹也にとって、統一教会への恨みと安倍晋三という政治家への恨みは同等だった、それゆえに彼は安倍銃撃に走った、という見方もできるだろう。

あるいは、安倍晋三という政治家こそ統一教会の被害をこれだけ拡大させた元凶だと彼が思っていた、ということも考えられる。

つまり、これ以上統一教会による被害を拡大させないために、やむを得ず銃撃を行った、という動機も考えられる。つまり、刑法第三七条にある「緊急避難」だったというロジックだ。

刑法第三七条　第一項「自己又は他人の生命、身体、自由又は財産に対する現在の危難を避けるため、やむを得ずにした行為は、これによって生じた害が避けようとした害の程度を超えなかった場合に限り、罰しない。ただし、その程度を超えた行為は、情状により、その刑を減軽し、又は免除することができる」

山上徹也に刑法第三七条が適用されるべきとまで考えるわけではないが、当否はどうあれ、こうしたロジックで動機を説明することも可能かもしれない。

「(安倍晋三を)苦々しくは思っていた」

山上のこの言葉の意味は大きい。母親の人格を変え、兄が自ら命を絶つまで追い込んだ元凶は統一教会だが、安倍晋三のことも統一教会に加担する人物であると見ていたのは明らかだ。

安倍晋三という人物が直接山上の家庭を崩壊させたわけではない。だが、一国の総理大臣として、本来であれば取り締まるべき悪質な団体を放置しただけではなく、裏では数々のバーター取引を行っていた疑惑もあり、教団の体制保護に寄与していたことまで私は事実を積み重ねて指摘してきた。

そういう意味では安倍晋三こそ統一教会による被害を拡大させた張本人とも言える。

これ以上統一教会による被害を出さないため、自分と同じような被害者をこれ以上生まないためにも、彼は張本人と認識した安倍晋三を狙ったのではないか。

教団の幹部を殺害してもトップの首をすげ替えるだけだ。それゆえ、統一教会へのダメージを最大化するために、教団幹部でなく、あえて安倍晋三を狙った、という側面もあろう。「silent hill 333」とは別の凍結されたアカウントにて、山上徹也が殺害をほのめかすツイートを投稿していたという報道もあった。むしろ、「silent hill 333」でのツイートは、安倍晋三へのストレートな殺意を秘匿していたのではないか。そのためにあえて「本来の敵ではない」という表現を使ったのではないだろうか。

「山上が読んだ記事」を書いた責任について

長年、統一教会と政治家の関係を追及してきた私ですら、教団と関係をもつ政治家が命を狙われるとは思ってもいなかった。だが、事件後に開かれた『統一協会被害者家族の会』に来ていた元統一教会信者の「宗教2世」は、その可能性を危惧し、いつか大きな事件が起こるのではないかと、たびたび教団本部へ忠告していたという。

山上徹也被告の起こした事件によって問題が可視化されたことは事実だが、もともと問題は存在しており政治家は事件が起こる前に何らかの対策を取るべきだった。

その不作為を追及される「火の粉」をおそれ、追及されるべき政治家たちが幕引きを図ろうとしているのであれば、それこそ看過できない事態だ。

山上徹也と私は近年、「安倍晋三」という同じ対象を追っていた。

私は安倍の首相在任中から継続して統一教会との間にあった不適切な相関関係を示し社会に問いたいと思ってきた。

私は調査報道によって安倍の疑惑を追い、山上は銃撃のターゲットとして安倍の動向を追った。

では山上徹也が安倍を追う目的と、その根拠にしたものは何だったのか。

山上被告の事件前のメッセージ内容から考えて、彼が安倍晋三と統一教会との関係について知ったのは私の記事によるということはほぼ明白だ。

記事を書いた側の責任として、責任を感じる。だが、感じるだけではなくその責任を取るために、私はあくまで事実を提示し続けなければならない。

責任を取るということは、安倍晋三と統一教会との間に関係がなかった、などと前言を翻すことではない。私にできるのは、あくまで事実を積み重ね示していくことだけだ。

もちろん、山上徹也の取った手段は明確に間違いだった。

それを指摘した上で、山上徹也被告がなぜ安倍をターゲットとしたのか、事件の動機面については綿密な検証が必要だ。それは決して彼の犯行を支持し、正当化するためではない。安倍晋三という政治家が抱えていた「問題」を、合法的にペンの力で追及し続けるべきだと思っているからだ。

私の仕事は調査・取材によって得た事実を提示し読者に判断を委ねることだ。山上徹也被告の裁判に加わる裁判員にも、やはり同じように事実を示した上で量刑判断を委ねたい。彼が安倍晋三と統一教会の間にあった関係を知り、安倍晋三をターゲットにしたこと。それが勝手な思い込みや勘違いではなく、確度が限りなく高い事実であると彼のなかで確信があったこと。その情報を的確に提供した上で、司法の判断がなされるべきであると思う。

事件によって日本中が痛感したはずだ。メディアの監視が行き届かないところで政治家と問題教団との癒着が横行し、規制されるべき悪質な団体が野放しにされ多くの被害者を生み出しつづけていたことを。

臆することなく、報じるべきことを報じつづけるのみ。それこそが真の意味でのジャーナリズムの復権につながると実感している。

「安倍は民主主義を悪用していた」ので銃撃した？

二〇二三年四月末、世間はゴールデンウイークを控えていた。コロナ禍が過ぎ、行楽の予定を立てている人も多い時期だった。

だが、山上徹也の伯父の自宅は、世間の喧騒とは一線を引くように、あい変わらず以前と同じ「時間」がただ流れていた。

四月二六日、私は山上被告の伯父宅を訪ねた。

「伯父としての説明義務は終わったので」「以前から起訴まで（の関わりのつもりだった）」と話す伯父。

量刑について聞くと、起訴内容に対して「法律が別々に書いているだけで、包括一罪だ」と話す。最も重い殺人罪だけで判断すべきであり、他の刑がプラスになるのはおかしいと指摘した。また、テレビ番組に出演している弁護士たちが量刑について憶測を述べることにも改めて苦言を呈した。

また伯父は裁判員裁判では近年起こった殺人事件の事例を挙げ、非のない人が殺された事件でも、量刑は懲役二〇年だったことを指摘した。

「法律の上に正義がある」と伯父は力説する。

「法律はそういうもの。（弁護士時代に）正義を叩き込まれた。三七条（緊急避難）が要件に該当しないとなったら正義に反すると蹴ったらいい」

山上被告の支援者からのアクションもあるという。

「徹也のために頑張ってくださいという趣旨で、徹也のファンが私にも差し入れしてくる。妹にも」と伯父は話す。彼が所属していた弁護士会に届いているという。親族にとっては心強いことだろうと指摘すると「そうですよね、その方々のためにもきちんとした裁判を期待している」と答える。

一方、伯父はメディアに対しては手厳しい。

「メディアも間違った記事を出している」

六月にも伯父が山上被告に接見するというインタビュー記事が『カンテレ（関西テレビ）』に出ていた件について聞いてみると、「行けたらいいなというだけのこと。（統一）教会との話が残っている、教会との話が六月につくのなら」と含みを持たせた。

この日も庭の樹木は花を咲かせていた。

「自分で植えた。家内が植えたと記事に出ていたが」

前回も見せてもらった一年中花が咲く庭だ。

「妻のために藤の木を植えた」

この日も仏間には切り花が活けられていた。

「徹也と妹にお金を残すのが自分の仕事」という伯父の取り組みは変わらない。

「今、徹也にエールを送ってやることができるのは自分しかいない」

「徹也のためにやっているんじゃなくて結果として徹也に有利になれば」

お涙頂戴式の情状酌量などを求めるつもりはないと伯父はいう。

「惣五郎は農民を救うために直訴した」

惣五郎とは、江戸時代末期に農民のために将軍に直訴して処刑されたという「義民伝説」で知られる佐倉惣五郎だ。惣五郎の行動の背景には「正義に反している」存在があった、その点で似ていると伯父は考えているのだろう。

同じように日本で最も権力を持つ人物が正義に反していたらどうなるか。

もし仮に安倍が正義に反するという意味でいうところの「悪」だったとしても、それはやはり合法的に追及すべきである。「正義」に反していたとしてもその対象への銃撃は正当化できず、伯父の言う「惣五郎」の「義民伝説」と関連づける論理は私には理解できない部分がある。

ただ、それは単に私がまだ伯父の真意を理解できていないだけかもしれない。もし短絡的に反論すれば、目の前の老弁護士にはまた、わかっていないと呆れられてしまうかもしれない。

庭の木々は剪定業者が倒産したせいで「ほったらかし」だと言う。だがそれも「自然的で綺麗」と伯父は評価しているようだ。確かに、見ていて飽きない居心地の良い庭だ。

「孫にメダカすくいをさせるため」と、水槽の代わりに盥（たらい）のようなものが置いてあった。

そこに「キジバトなどの鳥が水を飲みに来るようになった」という。鳥が集う憩いの場になっているようだ。カルト問題が一族を引き裂かなければ、親族が集う場所になっていただろう。

山上徹也からの「回答」

翌日、小城達弁護士の事務所を訪ねた。

公判前整理手続きの進捗状況については、検察の証拠提示はまだ一部のみとのこと。別の国選弁護士が「マスコミとの意見交換会」を開いたことについては「予断を与えた世論操作はしたくない」との意図があったようだ。

起訴された罪状についても確認した。検察が一罪としてまとめるかどうかが今後のカギになってくるようだ。

接見はやはりしないとのこと。本人の要望もあるようだが、弁護人としても、他の人が会うことによって、表面的に面白おかしく伝えられることを好ましく思っていないという。

「やはり人は想像を膨らませてしまう」と小城弁護士。

弁護人の接見については「週一、週二とか。（間が）空く場合もあるが、あまり空かないように」弁護人で調整して大阪拘置所に行っているという。

起訴後のため現在は「基本、取り調べはない」という。

和歌山で起こった岸田首相への爆破物事件とは、事件自体の様相がまったく違っていることなどを話した。

小城弁護士から、四月の初めに手紙で尋ねた件についての回答をもらった。

ただ、伝えられた山上徹也被告の回答は、私の見立てを補強するものではなかった。

まず、二〇二一年五月、ツイッターで統一教会二世のWさんにダイレクトメッセージを送ったかどうかについては「違うと思う」という答えだった。

二〇〇四年五月八日に「統一協会被害者家族の会」へ送ったメールについて、その後のやり取りについては「わからない」とのことだった。

その他の相談先にアプローチしたかどうかについても「わからない」。

二〇一九年一〇月以前に凍結されたとされる別のツイッターアカウントに関する読売新聞の報道については「事実ではない。他のツイッターアカウントはあったが凍結されたのは報道されているような理由ではない」とのことだった。

小城弁護士は「アカウントはあって凍結された事実はあるらしいが、そういう理由ではないみたいです。あまり深読みしないほうがいい」と指摘する。

事件九日前の私とのツイッターにおけるダイレクトメッセージのやり取りについて、小城弁護士は「山上さんとエイトさんとの間で事務的に確認しただけ」という。書籍でその内容を出すことは問題ないと再確認してもらった。

書籍『山上徹也と日本の「失われた三〇年」』についての山上被告の感想を聞くと「ある意味、自分の全部じゃなくて一部が抜き取られていたりする」との回答だった。

私が手紙で「一番重要だと思っているWさんに出したんじゃないかというツイートが抜けていて、世代論に行ってしまっている印象で、あまり個人を捉えている感がない」と言及したことについての反応はどうだったか確認した。

小城弁護士は「『まあそうなんですよね』と。『いろいろ抜かれているところもあったり、そんな話で出してもどうなんだろうね』と言ってました」と、山上被告の回答を伝えてくれた。

「私も似た感覚を持ちました。本としては面白いけれど、本質とはちょっとずれているところがある気もします。慎重に見ていくべきですよね」

小城弁護士にそう話したあと、次のように付け足した。

「この本の中にも、これを山上徹也被告が読んだら『違うよ』と言うだろうと書いてあった。私の本を読んでも、きっと『違うよ』と言われるかもしれません」

山上徹也の回答によって、外部へのアプローチやツイッター投稿についての私の見立てを完全に裏付けることはできなかった。だが、時系列的な流れも踏まえて、まだ私の見立てを捨て去るべきではないとも感じている。


山上被告の母親が通っていた奈良の教会において二〇〇五年まで教会長だった男性のイニシャルも「W」であり、同時期にこの人物へ山上がメールを送信していたという報道もある。当該のNHKの記事によると、この元教会長は「直接的に書いているわけではないが、統一教会を恨んでいるのなら、一緒に恨みを晴らしましょうと感じさせる内容だった」と話しており、「YからWへ」の「W」は普通に考えるとこの元教会長となる。

山上が同じ統一教会二世の「W」さんにメッセージを送ったのではないかという私の見立ては間違っているのかもしれない。だが、彼が同様の境遇にある教団二世に共感など何かを求めてアプローチをしたのではないかという可能性は残しておきたいと思う。

（安倍元首相銃撃 1年前 旧統一教会への恨み 教会元幹部にメール NHK NEWSWEB 二〇二二年九月九日）

第一〇章　「統一教会の被害を食い止めた」ために罪が重くなる可能性

公判前整理手続をめぐって江川紹子氏らが会見

事件から一年。山上徹也被告をめぐる次のトピックは公判、つまり裁判ということになる。元首相銃撃暗殺という重大事件は次の局面に入っていく。

一連の捜査は二月一三日の追送検で終結し、争点整理などの公判前整理手続を経て裁判員裁判で裁かれることになった。時期は早くて年内、実際には来年（二〇二四年）になると見られている。

四月二〇日、ジャーナリストの江川紹子・神奈川大学特任教授と塚原英治弁護士・福島至弁護士は、公判前整理手続を公開するよう奈良地裁刑事部へ要望書「山上徹也氏に係る殺人等被告事件についての公判前整理手続の公開を求める要望」を提出し会見を行った。

要望の趣旨として、公開が困難な場合はマスコミの代表者の傍聴を認めることや、公判前整理手続の各回の内容を事後的にでも公表することを求めた。

また、要望の理由として「山上徹也氏の裁判は、歴史的な事件で国民注視のものであること」「山上徹也氏の裁判が公正に行われていることを明らかにすることは、国民の裁判に対する信頼を確保する上で不可欠であること」「公判前整理手続の公開は禁じられておらず、傍聴を認めた先例もあること」を挙げている。

六月上旬、小城弁護士のもとを訪ねた。翌週に設定された公判前整理手続きについての見解などを訊き、五月に発刊した小学館の書籍『自民党の統一教会汚染2　山上徹也からの伝言』とともに山上被告への手紙を託した。

山上徹也様

前略

ジャーナリストの鈴木エイトです。

もうすぐ事件から一年となります。六月一二日には第一回の公判前整理手続が行われますね。

五月二六日に発刊した『自民党の統一教会汚染2　山上徹也からの伝言』を小城弁護士に託しました。事件からの三〇〇日のルポを軸に様々なテーマで記し、対談も再録しています。

私なりの事件やその背景への向き合い方について記した書籍となります。

事件前に徹也さんとメッセージのやり取りがあったことについて記した章の内容から、出版社の提案でタイトルの副題を「山上徹也からの伝言」としたことで様々な憶測も呼んでいますが、読んでもらえたら多くの人は理解してくれると思います。

まったく追及を受けていない政治家がかなりいるため、引き続き追っていきたいと思っています。

また、事件から一年というタイミングで七月二一日には講談社から『「山上徹也」とは何者だったのか』というタイトルの新書を出版予定です。なぜ事件は起こったのか。どこかのタイミングでとめることはできなかったのか。事件に至るまでの道程や背景について。政治家、メディア、社会の側に、このような事件が起こる前に何かできることはなかったのか。事件が起こるまで問題を放置してきた責任はないのかといったことを周辺取材から書いています。

これまで私が書いてきた記事・報道に際しては、自身が調べた事実を提示して、その上で読者にその判断を委ねるということをしてきました。徹也さんの事件についても同じように裁判員に対して、事実を提示した上で判断されるべきだと思っています。被告が事件を起こした背景や動機に関して「統一教会とまったく無関係な政治家を勘違いや思い込みで狙った」のではなく、「一定以上の合理性や蓋然性があった上で安倍晋三という政治家をターゲットにした」という徹也さんの動機面を担保した上で、量刑について判断してほしいと思っています。

また前回の手紙や小城弁護士を通して質問した「YからWへ」のツイートに関することですが、「W」が元奈良教会長の〇〇氏だという報道もあります（名前は出ていませんが）。その可能性も高いとは思います。『「W」が統一教会による被害に遭っていた二世の〇〇〇〇さんであり、同じ教団の信仰を持つ親のセカンドジェネレーションとして発信していた〇〇さんに対しても徹也さんが連絡を取ろうとしていたのではないか』という私の見立ては見当違いだったかもしれませんが、徹也さんが同様の境遇にあった人にSOSを出していたのではないかという見立てから事件の背景の検証ができるのではないかとも感じています。

お読みいただきありがとうございます。季節柄ご自愛ください。

乱筆乱文ご容赦ください。

草々

六月一二日、午後三時から奈良地裁において山上被告も参加して公判前整理手続きが開かれる予定だった。だが午前一一時に奈良地裁へ届いた不審な段ボール箱に金属探知機が反応、爆発物ではないかとして警察へ通報され裁判所職員が屋外へ避難。奈良県警の爆破物処理班が出動する騒ぎとなった。この騒動によって期日が取り消しとなり、第一回目の公判前整理手続は延期されることとなった。

段ボール箱の宛先には「山上哲也被告　公判前手続き」とあり、東京都内から発送されたものだという。山上被告を狙ったのか、公判前整理手続を妨害する意図があるのではないかなどの憶測も流れたが、結局は前述の「山上徹也容疑者の減刑を求める署名」の発起人の女性が署名を印刷して送付したものだと判った。

この発起人女性は大騒動になっていることを知り、同日自身のツイートにこう投稿した。

「拡散希望！　危険物じゃねーよ‼　このダンボール、大きさといい、着時間といい、私が送ったので間違いなさそうだが、中身は署名だよ。紙しか入ってない」

経緯については「九日に読売（新聞）の記者さんと会って、公判前整理手続きって、私は知識無かったけど、公判の方向性がほぼ決まってしまうような重要な手続きと初めて聞いて、ただそれは一般人は入れないというので、そうだ、署名送っといたほうがいいんじゃね？」と思い、前日に宅配便で送ったという。

この女性については、本書でも言及したが、一月の署名提出時の会見でも「山上容疑者が逮捕後すぐに死刑にされてしまうと思って署名を始めた」と語るなど行動が性急すぎる印象だ。今回も、山上被告の名前の漢字を誤るなど相当慌てて送ったようだ。

初回の期日は中止となったが、今後の期日で争点整理や証拠開示請求などを経て人証などの証拠調べが決定し公判期日が指定されていくことになる。

様々な動きがある今回の事件だが、公判には私も何らかのかたちで関わっていくことになるだろう。

安倍晋三という政治家をターゲットにしたことが、情状酌量の材料となるのか、それとも逆に加重要件となるのか、現時点ではわからない状況だ。

安倍晋三は、多大な被害を日本国民に与える悪質な教団と意図的に関係を持ってきた疑惑のある政治家である。ある意味、被害拡大に寄与してきた人物をターゲットとしたことに動機上の相当性が認められるのか、それとも教団の被害とは「直接関係のない政治家を狙った」としてより重く受け止められるのか。いずれにしても、前代未聞の裁判になることだけは確かだ。

私としては、統一教会と安倍晋三の関係について公正な情報が提示された上で裁判が審議されることを望むだけである。

今後始まる裁判において、山上が事件当時の彼の心象風景そのものを素直に語ってくれるとは限らない。訴訟上の弁護団の戦略もあるからだ。

幸い、これまでのところ山上との意思疎通は間接的ながらある程度取れている。事件前に彼とやり取りをしていた中にはルポライターの米本和広がいるが、彼は現在、ほとんど対外的な言論活動はしていない。今も動いているのは私ひとりだ。

事件前から山上に認識されてきた存在として、私にはこの事件の最初から終わりまですべてを見届ける責務がある。義務感というより、私自身がそうしたいと思っている。それは事件を防ぐことができなかったというある種の悔恨でもあり、またジャーナリストとしての使命感でもある。

安倍晋三を狙った理由は「私の記事」だったのか

安倍晋三元首相は、実態はさておき国民的人気が高かった政治家であり、現在でも彼を無条件に信奉する人たちがいる。

前書『自民党の統一教会汚染2　山上徹也からの伝言』（小学館）において、事件九日前の山上徹也とのメッセージのやり取りを初めて公表した。その際には、発売前からネット上で「鈴木エイトが山上徹也をそそのかした」などと書かれた。

さらに「山上徹也被告が安倍晋三元首相と統一教会との関係を把握したのは鈴木エイトが書いた記事からだった」と周知されれば、時系列や事実関係を見ようとしない一群の人たちからの私に対するバッシングは最高潮に達するだろう。

最初に出した『自民党の統一教会汚染　追跡三〇〇〇日』を読めば、私があくまで事実を提示したことがわかってもらえると思う。だが、そんな現実を見ようとしない人たちからの非難が集まることは容易に想像できた。

だが、多くの人には私の取材スタンスや報道姿勢から、問題点や論点がどこにあるかがわかってもらえると思う。

私のスタンスに変化はない。山上徹也被告が正当な司法の裁き、裁判員裁判の審判による判断を受ける上で、その判断の材料となるものを正確に提示するのみだ。

報道ではいつも判断は読者に委ねてきた。同じように裁判員の判断に委ねたい。

山上徹也が銃撃という手段を選択したことは明確に間違いであり、犯罪である以上、正当な裁きを受けるべきである。

だが、同時に安倍晋三という政治家の追及や検証も欠かせない。その上で司法の判断を仰ぐべきだ。

これは決して山上徹也の犯行を擁護するものではない。事実を提示することは、正当な裁きのための必要かつ最低限の条件に過ぎない。

実際のところ、山上の肉声を公判の場で聞くまで、彼の動機や内心についてはっきりしたことはわからないだろう。

一方で、彼と同じく安倍晋三を追及してきた私には、私なりの〝山上徹也像〟が見えてきている。

山上徹也は一面では冷静な計算をもとに行動しているように見えるが、彼の根底には、統一教会の被害者として、精神的にも金銭的にも追い込まれてきたことへの憤りがある。

そんな彼にとって事件後一年の状況は計算通りなのか、それとも計算外なのだろうか。

最も重要なことは、このような悲劇が起こる前に、我々は止めることができたのではないかと、社会の側が改めて考えることだ。

現在進行形で苦しんでいる人が存在する。その「小さな被害者の声」を、政治家やメディアは拾うべきだ。

被害者と加害者

多くの謎が残されている。山上徹也被告のネット空間における発信の痕跡だけを見ても、その解析や分析はまだまだ不十分だと感じる。

社会構想大学院大学教授の北島純は二〇二二年九月二三日に『ニューズウィーク日本版』へ寄稿した『安倍銃撃犯「山上容疑者」の動機をプロファイリングする』のなかで、山上のツイートについて「そこでは『語られていない』ものを含めて動機を解明することが必要だ」「山上の論理と心理はリツイートを含めて行間を読まないとわかりにくい」と言及している。

二〇二一年四月二四日のツイート投稿のなかで「当然のように信頼していた者の重大な裏切り」と書いた山上。この時期の山上に何があったのか。銃器の製造を始めたとされる時期である。北島は、このツイート後の山上について「急速にニヒリズムを強め冷静さを欠いていく」と指摘している。

山上は安倍元首相銃撃事件の加害者ではあるが、その背景にはカルト教団の被害者という側面もある。


「被害者としての山上徹也」

「加害者としての山上徹也」


どちらに重点を置くかで彼の捉え方や論じ方、判断は分かれるだろう。その境界線を曖昧にしたまま論じられていることが、齟齬や分断を生んでいる原因だと感じる。

カルト教団の被害者が加害者として起こした事件。そしてその事件の被害者もまたカルト教団との関係において「無辜(むこ)の民」ではない場合、その事件の捉え方は人それぞれの立ち位置や理解によって変わってくる。

私が統一教会や政治家に対峙するとき、山上徹也について調べるとき、この事件を通してどのように「被害者と加害者」の関係を捉えるべきなのだろうか。

なぜ私はカルト団体を追い、意図的に関係を持つ政治家を追及するのか。

政治家とカルト団体との歪な関係の裏には、苦しんでいる被害者の存在が常にある。

人権侵害や金銭収奪によって人生を奪われ、すべてを破壊されてしまう被害者たち。さらにその陰で苦しんでいる二世の存在。声を上げることすらできない被害者たちを政治家は救う職責があるはずだ。加害者団体を規制し、被害者を救済するために、政治家が果たすべき役割は限りなく大きい。

だが、恥ずべき一部の政治家は加害側である問題団体と共存・共栄する道を選択し組織の体制保護に寄与してきた。その「歪な共存関係」によって、多くの被害者が見捨てられてきたのだ。私はそんな政界とカルト教団の歪な構造を社会に知らしめることによって、陽の当たらない場所で苦しんでいる被害者を救う一助になろうとしてきた。

私の脳裏には常に被害者の存在がある。長年に渡りカルトの被害者に取材を重ね、二世たちの声を聞いてきたのは、被害を生みつづける「歪な共存関係」の構造の存続をこれ以上許してはならない、という気持ちがあったからだ。

責任は「感じる」ものではなく「取る」ものだという。であるならば、私は私なりの「責任」の取り方で安倍晋三元首相銃撃事件に、そして山上徹也被告の公判に向き合おうと思う。

「カルトの被害者が起こした重大な社会事件」

この現実をどう受け止め、どう関わっていくのか。どう決着をつけるのか。私がやるべきことは何か、そして「山上徹也」とは何者なのか。

私はまだその答えを出せずにいるが、その端緒はつかめたと思う。ここでやめるわけにはいかない。答えが見つかるまで探求を続ける責任と使命が私にはある。今までそうであったようにこれからも。

私の視点が山上徹也の視点と重なったとき、そこには何が見えるのだろうか。

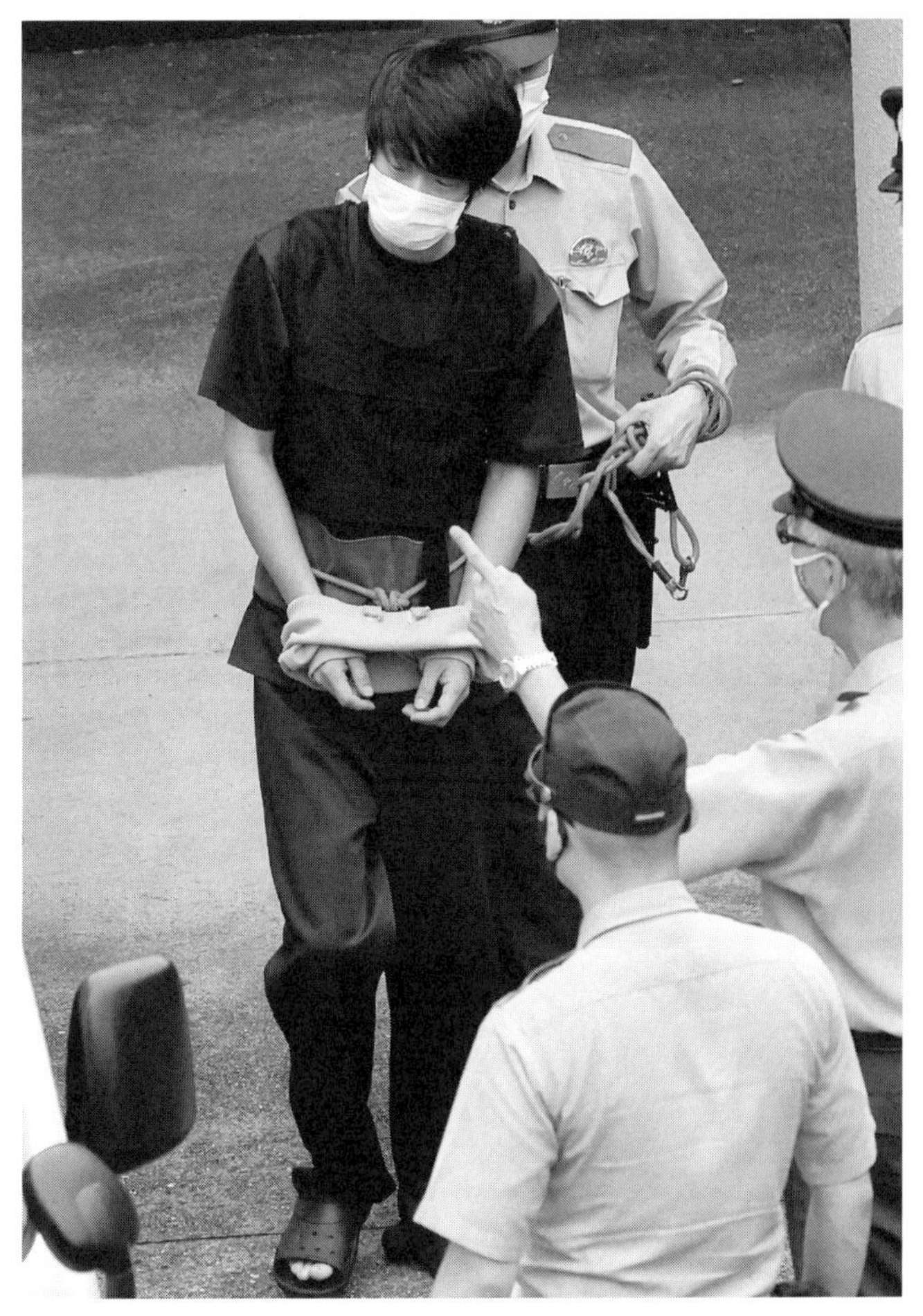

山上徹也容疑者（写真　川柳まさ裕）

おわりに

二〇二二年九月六日、私は銃撃事件の現場に立ち、山上徹也の「視点」をこの目に焼き付けた。

なぜ彼を追うのか。それは「彼のような悲しい存在を再び社会が生まないため」ということに尽きる。

「統一教会による数多の被害の陰で見過ごされてきた二次被害者たち。社会から認識すらされていなかった彼らのうちのひとりが、追い込まれた末に起こした事件」という観点で見た場合、山上には同情すべき点が多々あることは事実だ。

ただし、果たしてそれは人の命を奪う銃撃事件というかたちをとってしか社会に問うことができなかったのか。

もし私にもっと発信力や社会への影響力があったら、こんな悲劇が起こる前になんとかできたのではないかと自問する。

安倍元首相銃撃暗殺事件後に私たちが見てきたのは、「当事者がアクションを起こさない限り事態が動かなかった」ということだった。

ただ、そのアクションは合法的かつ誰の命も奪われない前提で行われるべきものだ。

本来であれば、元首相が公衆の面前で銃撃されるといった衝撃的な事件が起こる前に、政治家は悪質な破壊的カルト団体への規制を行い、その団体の陰で苦しむ被害者、そしてセカンドジェネレーションたちの救済に目を向けなければならなかった。

カルトの陥穽に嵌った親によるネグレクトと金銭被害の果ての家庭崩壊。その悲劇は社会から捨ておかれたひとりの男による事件によって可視化された。

一方で政治家である夫を突然失った妻の悲劇も忘れてはならない。

誰も不幸な事件で悲しむことがないような社会を作ることは、理想論に過ぎるかもしれない。だが、愚直であってもそんな社会の実現を願いたい。

私は山上徹也の弁護人や伯父への取材を重ね、間接的ではあるが本人との意思の疎通を図ってきた。

事件から一年を迎え、現時点での「山上徹也」という人物像を記しておきたかった。

もちろん本書はその最初のプロローグに過ぎない。今後の裁判の内容や社会情勢、そして彼と私の関係性の推移によって、明らかになる山上徹也の人物像はまた変わってくるだろう。

もともと私は身内に統一教会信者がいて、統一教会についてある程度の知識はあった。だが、それは単に本人の選択であり自己責任だとして静観してきた。

しかし、勧誘現場で現役の信者と接するうち、信者たちもまた教団にマインドコントロールされた被害者であるとわかった。

そして、その被害者が次の被害者を生んでいくというカルト問題の構造に気が付き、街頭での勧誘阻止やビデオセンターでの被害者救出を続けるなかで、信者を選挙運動員として使い捨てにした地方政治家を追及。そこから国政を司る政治家の追及へとシフトしていった。

その後、ジャーナリストとして一般誌にも寄稿するようになった。扶桑社系ウェブメディア『ハーバー・ビジネス・オンライン』の連載が一部で話題となり、書籍化の話も進みかけた。だが最終的には出版には至らなかった。

何とかこの問題を世に問いたいと、いくつかの出版社に企画を持ち込んだが、芳しい反応は得られなかった。並行して二世問題の企画も提案したが、こちらも企画が通ることはなかった。

その後HBOLが配信停止となり書く場を失ったが、いつか日の目を見ることもあると思い原稿を書き溜めていた。

そのころ、自民党最大派閥清和政策研究会（安倍派）を率いる安倍晋三は、首相の座を退いたあとも政界のキングメーカーとして存在感を保ち続けていた。その間、山上徹也は冷静に計画を立て、銃を製造していた。

そして二〇二二年七月八日、最も不幸なかたちで三者の運命が邂逅した。

私、鈴木エイトの追及がなければ、統一教会と政治家の関係については、さほど問題視されることもなく政治家はいまだに統一教会と関係を持ち続けていただろう。

一方、そもそも山上徹也の犯行がなければ、統一教会の問題がこれほど広く知られることもなかった。

私と山上徹也、どちらかが欠けていたら現在の状況はあり得なかったかもしれない。

そんな「奇縁」である山上徹也の人物像、事件を起こした動機について、書ける人間がいるとしたら私しかいないのではないか。

そんな思いで本書の執筆を始めた。

山上徹也の心象風景に迫りたいと思い、関係者への取材を重ね、事件後一年という現時点で得た〝山上徹也像〟についてまとめた。

ただ、本書に記した山上徹也の姿が、果たして実像なのか。彼の〝絶望〟の正体にどこまで迫ることができたのか。読者の判断に委ねたいと思う。

安倍晋三は亡くなったが山上徹也と私を巡る物語は、まだ始まったばかりだ。

二〇二三年六月

鈴木エイト

鈴木エイト

1968年、滋賀県生まれ。日本大学卒業。2009年創刊のニュースサイト『やや日刊カルト新聞』で副代表、主筆を歴任する。カルト問題、そして2世問題などを精力的に取材し、統一教会に鋭く斬り込む最前線のジャーナリストとして活躍する。著書には『自民党の統一教会汚染』シリーズ(小学館)がある。

講談社+α新書 868-1 C

「山上徹也」とは何者だったのか

鈴木エイト

2023年7月19日第1刷発行

発行者―――鈴木章一

発行所―――株式会社 講談社

東京都文京区音羽2-12-21 〒112-8001

電話 編集(03)5395-3522

販売(03)5395-4415

業務(03)5395-3615

デザイン―――鈴木成一デザイン室

カバー印刷―――共同印刷株式会社

印刷―――株式会社新藤慶昌堂

製本―――株式会社国宝社

KODANSHA

定価はカバーに表示してあります。

落丁本・乱丁本は購入書店名を明記のうえ、小社業務あてにお送りください。

送料は小社負担にてお取り替えします。

なお、この本の内容についてのお問い合わせは第一事業本部企画部「+α新書」あてにお願いいたします。

Printed in Japan

ISBN978-4-06-532872-9

講談社+α新書

- **空気を読む脳** ／ 中野信子 ／ 日本人の「空気」を読む力を脳科学から読み解く。職場や学校での生きづらさが「強み」になる ／ 946円 823-1 C
- **生贄探し** 暴走する脳 ／ 中野信子 ヤマザキマリ ／ 「世間の目」が恐ろしいのはなぜか。知っておきたい日本人の脳の特性と多様性のある生き方 ／ 968円 823-2 C
- **ソフトバンク崩壊の恐怖と農中・ゆうちょに迫る金融危機** ／ 黒川敦彦 ／ 巨大投資会社となったソフトバンク、農家の預金等108兆を運用する農中が抱える爆弾とは ／ 924円 824-1 C
- **ソフトバンク「巨額赤字の結末」とメガバンク危機** ／ 黒川敦彦 ／ コロナ危機でますます膨張する金融資本。崩壊のXデーはいつか。人気YouTuberが読み解く。 ／ 924円 824-2 C
- **次世代半導体素材GaNの挑戦** 22世紀の世界を先導する日本の科学技術 ／ 天野浩 ／ ノーベル賞から6年——日本発、21世紀最大の産業が出現する!! 産学共同で目指す日本復活 ／ 968円 825-1 C
- **会計が驚くほどわかる魔法の10フレーズ** ／ 前田順一郎 ／ この10フレーズを覚えるだけで会計がわかる！「超一流」がこっそり教える最短距離の勉強法 ／ 990円 826-1 C
- **ESG思考** 激変資本主義1990—2020、経営者も投資家もここまで変わった ／ 夫馬賢治 ／ 世界のマネー3000兆円はなぜ本気で温暖化対策に動き出したのか？ 話題のESG入門 ／ 968円 827-1 C
- **超入門カーボンニュートラル** ／ 夫馬賢治 ／ カーボンニュートラルから新たな資本主義が誕生する。第一人者による脱炭素社会の基礎知識 ／ 946円 827-2 C
- **内向型人間が無理せず幸せになる唯一の方法** ／ スーザン・ケイン 古草秀子 訳 ／ 成功する人は外向型という常識を覆した全米ミリオンセラー。孤独を愛する人に女神は微笑む ／ 990円 828-1 A
- **トヨタ チーフエンジニアの仕事** ／ 北川尚人 ／ GAFAも手本にするトヨタの製品開発システム。その司令塔の仕事と資質を明らかにする ／ 968円 829-1 C
- **ダークサイド投資術** 元経済ヤクザが明かす「アフター・コロナ」を生き抜く黒いマネーの流儀 ／ 猫組長(菅原潮) ／ 恐慌と戦争の暗黒時代にも揺るがない「王道の投資」を、元経済ヤクザが緊急指南！ ／ 968円 830-1 C

表示価格はすべて税込価格（税10%）です。価格は変更することがあります

講談社＋α新書

民族と文明で読み解く大アジア史　宇山卓栄
国際情勢を深層から動かしてきた「民族」と「文明」、その歴史からどんな未来が予測可能か？
1320円 851-1 C

世界の賢人12人が見た ウクライナの未来　プーチンの運命　クーリエ・ジャポン 編
ハラリ、ピケティ、ソロスなど賢人12人が、戦争の行方とその後の世界を多角的に分析する
990円 852-1 C

「正しい戦争」は本当にあるのか　藤原帰一
核兵器の使用までちらつかせる独裁者に世界はどう対処するのか。当代随一の知性が読み解く
990円 853-1 C

絶対悲観主義　楠木 建
巷に溢れる、成功の呪縛から自由になる。フツーの人のための、厳しいようで緩い仕事の哲学
990円 854-1 C

人間ってなんだ　鴻上尚史
「人とつきあうのが仕事」の演出家が、現場で格闘しながらずっと考えてきた「人間」のあれこれ
968円 855-1 C

人生ってなんだ　鴻上尚史
たくさんの人生を見て、修羅場を知る演出家が考えた。人生は、割り切れないからおもしろい
968円 855-2 C

世間ってなんだ　鴻上尚史
中途半端に壊れ続ける世間の中で、私たちはどう生きるのか？　ヒントが見つかる39の物語
990円 855-3 C

奇跡の小売り王国「北海道企業」はなぜ強いのか　浜中 淳
ニトリ、ツルハ、DCMホーマックなど、北海道企業が各業界のトップに躍進した理由を明かす
1320円 856-1 C

その働き方、あと何年できますか？　木暮太一
ゴールを失った時代に、お金、スキル、自己実現を手にするための働き方の新ルールを提案
968円 857-1 C

脂肪を落としたければ、食べる時間を変えなさい　柴田重信
肥満もメタボも寄せつけない！　時間栄養学が教える3つの実践法が健康も生き方も変える
968円 858-1 B

2002年、「奇跡の名車」フェアレディZはこうして復活した　湯川伸次郎
かつて日産の「V字回復」を牽引した男がフェアレディZの劇的な復活劇をはじめて語る！
990円 859-1 C

表示価格はすべて税込価格（税10%）です。価格は変更することがあります